Vorstellungs-gespräche

Michael Lorenz
Uta Rohrschneider

STS | *Verlag*

Die Deutsche Bibliothek – CIP-Einheitsaufnahme

Lorenz, Michael:
Vorstellungsgespräche / Michael Lorenz ; Uta Rohrschneider.
– Planegg : STS-Verl., 1999
  (STS-TaschenGuides)
  ISBN 3-86027-258-6

ISBN 3-86027-258-6
Bestell-Nr. 00851-0001

© 1999, STS Verlag, ein Unternehmen der Haufe Verlagsgruppe
Postanschrift: Postfach 13 63, 82142 Planegg
Hausanschrift: Fraunhoferstraße 5, 82152 Planegg
Fon (0 89) 8 95 17-2 00, Fax (0 89) 8 95 17-2 50
E-Mail: online@haufe.de, Internet: http://haufe.de.
http://www.taschenguide.de
Lektorat: Dr. Ilonka Kunow, Dipl.-Kff. Dunja Reulein

Satz + Layout: Satzstudio »Süd-West« GmbH, 82166 Gräfelfing
Umschlaggestaltung: Agentur Buttgereit & Heidenreich, 45721 Haltern am See
Cartoons: Baaske Cartoon-Agentur, München: Morris, Pfuschi, Klaus Puth
Druck: J. P. Himmer GmbH & Co. KG, 86167 Augsburg

TaschenGuides – alles was Sie wissen müssen

Für alle, die wenig Zeit haben und erfahren wollen, worauf es ankommt. Für Einsteiger und für Profis, die ihre Kenntnisse rasch auffrischen wollen.

Sie sparen Zeit und können das Wissen effizient umsetzen:

Kompetente Autoren erklären jedes Thema aktuell, leicht verständlich und praxisnah.

In der Gliederung finden Sie die wichtigsten Fragen und Probleme aus der Praxis.

Das übersichtliche Layout ermöglicht es Ihnen sich rasch zu orientieren.

Anleitungen „Schritt für Schritt", Checklisten und hilfreiche Tipps bieten Ihnen das nötige Werkzeug für Ihre Arbeit.

Als Schnelleinstieg die geeignete Arbeitsbasis für Gruppen in Organisationen und Betrieben.

Wir freuen uns auf Ihre Anregungen.
Ihr STS Verlag
Fraunhoferstraße 5 – 82152 Planegg
Fon 0 89 / 8 95 17-2 22
Fax 0 89 / 8 95 17-2 90

Inhalt

5

Vorwort

Sie bewerben sich gerade oder haben sogar schon eine Einladung zu einem Vorstellungsgespräch erhalten. Und, wer kennt es nicht, eine gewisse Nervosität stellt sich ein oder auch nur das Gefühl, auf diesen wichtigen Teil der Stellensuche einfach nicht richtig vorbereitet zu sein. Sie kennen Ihre fachlichen Qualitäten, sind sich sicher, die oder der Richtige für die ausgeschriebene Stelle zu sein, aber wie überzeugen Sie Ihre Gesprächspartner im Unternehmen davon?

In diesem Taschenguide erfahren Sie alles Wichtige, damit Sie Ihr Vorstellungsgespräch erfolgreich meistern und sich bestmöglich verkaufen können. Wir erklären Ihnen, wie Sie durch eine gute Gesprächsvorbereitung selbstsicher in das Gespräch gehen, wie das Vorstellungsgespräch im Einzelnen abläuft, geben Ihnen vielfältige Tipps für Ihr Verhalten und bereiten Sie auch auf die verschiedenen Fragen vor, die Ihnen vielleicht gestellt werden. Viele Checklisten und ein persönliches Kompetenzprofil bieten Ihnen weitere praktische Hilfen. Viel Glück bei Ihrem Gespräch wünschen Ihnen

Michael Lorenz und Uta Rohrschneider

Eine Einladung zum Gespräch

Herzlichen Glückwunsch. Die erste Hürde auf der Suche nach einer ersten oder neuen Position haben Sie erfolgreich genommen. Sie haben anhand Ihrer Bewerbungsunterlagen gezeigt, dass Sie vom fachlichen Know-how und in Ihrer schriftlichen Selbstdarstellung zum angesprochenen Unternehmen passen. Leider sind Sie damit noch nicht am Ende Ihres Weges angelangt.

Jetzt kommt der zweite Schritt: Ihr Vorstellungsgespräch.

An dieser Stelle des Bewerbungsablaufs tritt eine entscheidende Veränderung ein, welche die Sache nicht unbedingt leichter macht.

■ *Während Sie für Ihre schriftliche Bewerbung ganz in Ruhe überlegen und an Ihren Unterlagen bis zur Vollendung feilen konnten, ist in der nächsten Phase direkte Kommunikation gefordert. Sie gehen in einen offenen Prozess, d. h. Sie können nicht immer vorhersehen, welche Fragen als nächstes kommen und wie Ihr Gesprächspartner auf Ihre Antworten und Aussagen reagiert.* ■

Was ist das Ziel?

Vorstellungsgespräche oder Einstellungsinterviews sind immer noch die verbreitetste Vorgehensweise von Unternehmen bei der Personalauswahl. Zielsetzung ist, potentielle Mitarbeiter kennen zu lernen, zu sehen welche Persönlichkeit sie haben, ob sie zum Unternehmen, zur Abteilung, zu den Mitarbeitern und Kollegen und zur Aufgabenstellung passen. Je nach Position geht es aber auch um die Frage, ob die Kandidatin oder der Kandidat geeignet ist, das Unternehmen im Kundenkontakt nach außen zu vertreten und zu repräsentieren.

Bei Führungskräften soll zusätzlich die Frage geklärt werden, ob sie über zum Unternehmen passende Werte, Einstellungen, Motive und Führungskompetenzen verfügen, die es ihnen ermöglichen, das Unternehmen im Rahmen ihrer Führungsaufgabe bei der Zielerreichung zu unterstützen.

Beschränkt sich ein Unternehmen bei der Personalauswahl auf Auswahlgespräche, sollen all diese Fragen durch Ihre Selbst-Präsentation im Gespräch beantwortet werden. Eine hohe Anforderung an Sie, auf die Sie sich vorbereiten müssen, um sie erfolgreich zu meistern.

Nutzen Sie Ihre Chance durch aktives Gestalten

Obgleich Vorstellungsgespräche sehr oft geführt werden, gibt es keinen wirklichen Standard, der es Ihnen als Bewerberin oder Bewerber erleichtern würde, sich auf diese Gespräche vorzubereiten. Wie in fast allen Gesprächssituationen sind der Verlauf und auch die Art des Gesprächs extrem abhängig von den Gesprächspartnern. D. h. zum einen von Ihrer aktiven Mitgestaltung und zum anderen vom Interviewer.

Und genau hier ist der Ansatzpunkt, um Ihre Vorstellungsgespräche erfolgreich zu gestalten. Durch Ihr souveränes Auftreten und eine geschickte Gesprächsführung können Sie das Gesprächsergebnis wesentlich beeinflussen. Die nachfolgenden Kapitel geben Ihnen vielerlei Hilfestellungen und Tipps für die Vorbereitung, die Gesprächsführung selbst und die Nachbereitung.

■ *Nutzen Sie Ihre Chance! Vorstellungsgespräche bieten allen Beteiligten die Möglichkeit herauszufinden, ob und inwieweit Interessen, Ziele und Erwartungen zusammenpassen und eine solide Basis für die Zusammenarbeit bieten. Die Chance nutzen bedeutet für Sie aber: Sie müssen Zeit investieren, um sich optimal vorbereiten zu können.* ■

Wir wünschen Ihnen viel Erfolg für Ihre Bewerbungsgespräche.

Unser erster, aber wichtiger Tipp:

Legen Sie sich für die Vorbereitung auf Ihre Vorstellungsgespräche eine Mappe an, in der Sie alles sammeln, was für den weiteren Verlauf Ihrer Bewerbung wichtig ist. Das heißt:

- Ihre Unterlagen, die Sie an einzelne Unternehmen geschickt haben,

- Informationen zu den Unternehmen,

- Ihre Selbsteinschätzung,

- Ihre Ziele und Erwartungen an eine neue Position,

- den Schriftverkehr mit den Unternehmen und

- eigene Notizen zum Bewerbungsverlauf.

Viel zu schnell passiert es uns, dass wir gerade Gedachtes – war es auch noch so klar und plausibel – schon wieder vergessen haben. Helfen Sie sich selbst, indem Sie Ihre Gedanken, Fragen und Ideen schriftlich fixieren. Fangen Sie jetzt sofort damit an. Beim Lesen werden Ihnen ganz sicher verschiedene Ideen für die persönliche Gestaltung Ihrer Vorstellungsgespräche kommen, die sich lohnen festgehalten zu werden.

Was kann mich erwarten?

Wir haben bereits kurz darauf hingewiesen, dass Interviews und Vorstellungsgespräche in Art und Gestaltung sehr unterschiedlich verlaufen können.

Folgende Situationen können Ihnen begegnen:

■ Gespräche mit einem oder mehreren Gesprächspartnern. Oftmals treffen Sie im ersten Gespräch auf einen Vertreter der Personalabteilung und einen Vertreter der Fachabteilung, der dann häufig Ihr zukünftiger Vorgesetzter sein wird. Sie werden Gespräche mit mehreren Personen – z. B. Personalleiter und Geschäftsführung – auf einmal oder mit den einzelnen Unternehmensvertretern nacheinander führen.

■ Sie treffen Gesprächspartner, deren Verhalten von hoch engagiert bis lustlos variieren kann, weil es vielleicht schon das x-te Gespräch ist.

■ Klar strukturierte, anhand eines Interviewleitfadens geführte bis völlig unstrukturierte Gespräche.

■ „Stress-Gespräche", in denen wiederholt versucht wird, Sie unter Druck zu setzen, um Ihre Stressresistenz und Belastbarkeit zu testen.

■ Interviews, in welche einzelne aktive Situations-Simulationen eingebaut werden. Im Rollenspiel will man sehen, wie Sie z. B. ein Verkaufs- oder Mitarbeiter-Gespräch führen.

■ Erweiterung des Auswahlverfahrens um
  – Persönlichkeitsfragebögen,
  – Testverfahren,
  – Einzel- und Gruppen-Assessment-Center.

■ *Sollten Sie sich hinsichtlich Ihrer Vorbereitung und Gestaltung von Bewerbungsgesprächen, Ihrer gesamten Bewerbungsstrategie oder auch hinsichtlich Ihrer weiteren Karriereplanung unsicher sein, können Sie professionelle Unterstützung in Anspruch zu nehmen. Verschiedene Organisationen und Beratungen bieten Karriere- und Bewerbungsberatung an. Hier kann sich z. B. ein Blick ins Internet lohnen.* ■

„Ihre Bewerbung scheint ganz annehmbar zu sein, aber die Büroklammer ist die schönste, die ich je gesehen habe."

Das A & O: Ihre Vorbereitung

Eine solide und möglichst umfassende Vorbereitung auf Ihre Vorstellungsgespräche erspart Ihnen manch böse Überraschung. Wenn Sie etwa von einer Frage überrascht werden, die Sie nicht beantworten können, müssen Sie frei improvisieren können. Es ist unnötig, solche Situationen zu erleben, nur weil Sie es im Vorfeld versäumt haben, sich mit bestimmten Aspekten und Fragen auseinanderzusetzen.

5 Schritte zur Vorbereitung

Sie sollten:

1 Informationen zum Unternehmen sammeln, bei dem Sie sich vorstellen,

2 eine Selbsteinschätzung versuchen,

3 Ihre Fragen an das Unternehmen formulieren,

4 die Zeit- und Streckenplanung vorbereiten,

5 sich Gedanken zur Wahl Ihrer Kleidung machen.

Bei wem haben Sie sich beworben?

Berechtigte Erwartung von Personalentscheidern ist, dass Sie sich mit dem Unternehmen, zu dem Sie zum Vorstellungsgespräch gehen, im Vorfeld des Gesprächs auseinander setzen. Fragen zu Ihren Unternehmenskenntnissen können Sie fest einplanen. Das bedeutet: Sie müssen einiges über das Unternehmen in Erfahrung bringen.

Gibt es in einem Unternehmen gerade wichtige neue Entwicklungen, Neuorganisationen oder andere Prozesse, die Kraft und Aufmerksamkeit des Unternehmens beanspruchen, dann werden Sie vielleicht gerne auch zu diesen Themen befragt. Je höher die Position ist, um die Sie sich bewerben, mit desto mehr Fragen zu Wirtschaft und Unternehmenspolitik müssen Sie rechnen.

Zu der Frage: „Was wissen Sie über unser Unternehmen?", sollten Sie schon ein wenig erzählen können. Weiterführende Beispielfragen finden Sie Anhang.

Welche Informationen brauche ich?

Spätestens, wenn Sie zu einem Vorstellungsgespräch eingeladen werden, sollten Sie so viele Informationen wie möglich über dieses Unternehmen sammeln.

Mit der nachfolgenden Checkliste können Sie relevante Informationen sammeln.

Vielleicht können Sie sich nicht alle Informationen im Vorfeld erarbeiten. Neben wichtigen grundlegenden Daten sollten Sie besonders gut über aktuelle Neuigkeiten und Entwicklungen des Unternehmens informiert sein.

■ *Wie gut oder schlecht Sie informiert sind, signalisiert Ihrem Gesprächspartner Ihr Interesse am Unternehmen.* ■

Checkliste: Unternehmensdaten

Unternehmensform	_____
Geschäftsfelder	_____
Standorte	_____
– international – national	_____ _____
Mitarbeiterzahl gesamt am gewünschten Standort	_____ _____
Hauptgeschäft	_____
Nebengeschäft	_____
Produktpalette	_____
Marktlage /-anteile	_____
Kundenstruktur	_____
Wettbewerbs-Situation	_____
Umsatzgröße	_____
Gründungsjahr	_____
Wichtige Entwicklungen/Neuheiten	_____
Organisationsstruktur	_____
Unternehmenskultur	_____
Führungskultur	_____
Weitere Daten/Kennzahlen	_____ _____

Wollen Sie im Vorstellungsgespräch mit Ihrem Wissen über das Unternehmen überzeugen, so sollten Sie auch wissen, woher Sie die jeweiligen Informationen haben. Die Antwort: „Ich weiß nicht mehr genau, hab ich irgendwo gelesen." kommt sicher nicht so gut an.

Wie komme ich an die notwendigen Informationen?

Die Möglichkeiten, an Informationen über Unternehmen zu gelangen, sind vielfältig:

- Internet (eigene Homepage des Unternehmens und Informationsdatenbanken)

- vom Unternehmen selbst (Jahresberichte, Selbstdarstellungs-Broschüren)

- weitere Stellenausschreibungen des Unternehmens in regionalen und überregionalen Zeitungen, Fachzeitschriften oder im Internet. Alle Stellenausschreibungen des Unternehmens geben Ihnen Auskunft darüber:

  - wie das Anforderungsspektrum des Unternehmens ist,

  - auf welche Kompetenzen für unterschiedliche Positionen hingewiesen wird,

  - ob die Selbstdarstellung des Unternehmens positionsabhängig variiert,

  - wie viele und welche Positionen aktuell zu besetzen sind, (Dies könnte Ihnen Hinweise auf die aktuelle Situation des Unternehmens geben. Baut das Unternehmen gerade Personal auf, weil es stark wächst oder gibt es Hinweise auf Krisen im Unternehmen?)

- Unternehmensberichte in der regionalen und überregionalen Presse, in Fachzeitschriften (je nach Größe des Unternehmens auch Rundfunk und Fernsehen)

- regionaler Arbeitgeberverband

- Ihre Hausbank kann gegebenenfalls Geschäftsberichte besorgen

- Industrie- und Handelskammer

- Verbände

- Unternehmensdatenbanken in Buchform oder als CD (in Bibliotheken, insbesondere Universitätsbibliotheken, können Sie z. B. auf die Veröffentlichungen vom Hoppenstedt Verlag zurückgreifen. Fragen lohnt sich in jedem Fall)

- Arbeitsämter

- Messen, Kongresse

- Freunde und Bekannte.

Wenn Sie einen Termin für ein Vorstellungsgespräch haben, werden Unternehmen es begrüßen, wenn Sie sich verfügbare Informationsmaterialien, wie z. B. Geschäftsberichte und Prospekte, vorher von der Presse- / PR-Abteilung des Unternehmens schicken lassen. Häufig stellen die Personalentscheider in Unternehmen mit Bedauern fest, dass viele Bewerber nicht ausreichend über das Unternehmen informiert sind, bei dem sie zukünftig arbeiten wollen.

Aber auch in Ihrem eigenen Interesse sollten Sie sich im Vorfeld umfassend über das Unternehmen informieren. Sie selbst müssen die Entscheidung treffen, ob dieses Unternehmen für Sie der richtige Arbeitgeber ist. Dafür sollten Sie es so gut wie möglich kennen.

Von der Streckenplanung bis zum Outfit

Ihre schriftliche Bewerbung war die erste Arbeitsprobe, die Sie einem Unternehmen zur Verfügung gestellt haben. Ihr Vorstellungsgespräch können Sie als erstes Arbeitsgespräch mit erhöhten Anforderungen betrachten. Ihre Aufgabe ist es, hier sowohl fachlich als auch persönlich von sich zu überzeugen. Seien Sie also genauso pünktlich und gut gekleidet wie später bei der Wahrnehmung Ihrer Aufgaben im Unternehmen.

Ihre Zeit- und Streckenplanung

Planen Sie Ihren Termin rechtzeitig

Sobald Sie die Einladung zum Vorstellungsgespräch erhalten haben gilt es zu prüfen, ob es für Sie terminliche Überschneidungen gibt. Andere Aktivitäten und Verpflichtungen sollten Sie so bald wie möglich verlegen. Prüfen Sie rechtzeitig, ob Sie aufgrund von Anreise- und Gesprächszeiten eventuell Urlaub beantragen müssen. Erledigen Sie dies frühzeitig, um auf der sicheren Seite zu sein.

Was, wenn Sie den Termin nicht wahrnehmen können?

Wenn Sie feststellen, dass Sie den vorgeschlagenen Termin aufgrund anderer Verpflichtungen nicht wahrnehmen können, setzen Sie sich sofort mit dem einladenden Unternehmen in Verbindung. Es gibt sicher günstigere Vorzeichen für Ihr Gespräch, als den persönlichen Kontakt mit einer Terminverschiebung zu beginnen. Aber wenn Sie z. B. noch in einem Beschäftigungsverhältnis stehen, wird Ihr Gegenüber bei wichtigen Gründen Verständnis haben. Nennen Sie den Grund Ihrer Verhinderung, aber er muss wirklich plausibel und wichtig sein. Private Freizeittermine werden auf weniger Akzeptanz stoßen. Prüfen Sie vor dem Telefongespräch mögliche Alternativtermine und schlagen Sie diese dem Unternehmen vor. Damit verdeutlichen Sie, dass Sie ein ernsthaftes Interesse daran haben, dass der Termin möglichst bald stattfindet.

> ■ *Bedenken Sie vor einer Verschiebung, dass eventuell mehrere Personen (Fachabteilung, Personalabteilung und je nach Position Geschäftsführung oder Vorstand) an dem Termin mit Ihnen teilnehmen wollen. Diese Personen alle neu zu koordinieren ist für ein Unternehmen häufig mit viel Aufwand verbunden.* ■

Sollte es gelingen, den neuen Termin bereits am Telefon zu vereinbaren, bestätigen Sie ihn von sich aus mit einem kurzen Schreiben. Ist telefonisch noch keine Terminvereinbarung möglich, bitten Sie um eine kurze schriftliche Bestätigung der angesprochenen Alternativtermine durch das Unternehmen, sobald eine Entscheidung gefallen ist.

„Wer zu spät kommt, den bestraft das Leben"

Diese Volksweisheit gilt ohne Einschränkung auch für Vorstellungsgespräche. Planen Sie An- und Abreisezeiten sowie Gesprächszeiten lieber sehr großzügig. Eine Entschuldigung ist ein schlechter Gesprächseinstieg. Sicher kann immer etwas

Unvorhergesehenes passieren, dafür wird auch jeder Verständnis haben. Trotzdem: Jede Verspätung verschlechtert Ihre Ausgangssituation. Auch wenn Sie im Gespräch unter Zeitdruck geraten, weil Sie noch andere Verpflichtungen haben, wirkt sich das nicht sehr günstig auf Ihre Einstellungschancen aus.

Checkliste: Strecken- und Zeitplanung

Verkehrsmittel (Auto, Bahn, Flugzeug)		
Entfernungskilometer gesamt	km	Std.
Landstraße	km	Std.
Autobahn	km	Std.
Innerstädtisch	km	Std.
Zeitliche Sicherheitsreserve (je nach Entfernung mind. $\frac{1}{2}$ Stunde, bedenken Sie auch Wegzeiten im Unternehmen)		Std.
Geplante Gesprächszeiten (i. d. R. 1–2 Std.)		Std.
Notwendigkeit von Übernachtungen		
Ersatzkleidung		
Verpflegung für unterwegs		
Papiertaschentücher (trockener Händedruck)		

Und wenn Sie sich trotzdem verspäten?

Sollte sich trotz einer umsichtigen und großzügigen Planung der Anreise die Situation ergeben, dass Sie nicht rechtzeitig zum Gesprächstermin erscheinen können, informieren Sie Ihre Gesprächspartner umgehend von Ihrer Verspätung und der Situation, in der Sie sich gerade befinden. Wenn Sie sich nicht melden und zu spät kommen, wird dies als Zeichen von Unzuverlässigkeit ausgelegt. Sie wissen sicher selbst, wie es ist, auf jemanden zu warten. Sie können nichts Vernünftiges mehr anfangen, weil Sie vielleicht jeden Moment wieder damit aufhören müssen. Und während Sie warten, werden Sie langsam aber sicher immer ungehaltener. Wenn Sie also schon zu spät kommen, informieren Sie Ihre Gesprächspartner umgehend, wann Sie da sein werden. Damit ermöglichen Sie den anderen, die verbleibende Zeit aktiv zu nutzen.

Checkliste: Unterlagen für das Gespräch

Habe ich alles dabei?	✓
Block und zwei funktionierende Stifte	
Bisher noch fehlende Unterlagen für das Unternehmen	
Ihre vorbereiteten Fragen an das Unternehmen	
Wegbeschreibung	
Kalender	
Visitenkarten	
Die eigenen Bewerbungsunterlagen	
Unterlagen über das Unternehmen	

Was nehme ich mit?

Auch diese Frage gehört zu Ihrer Vorbereitung. Welche Unterlagen sollte ich dabei haben? Die eingefügte Checkliste gibt Ihnen einen Überblick, was Sie sicherheitshalber in Ihre Tasche stecken sollten. Am besten legen Sie sich die Sachen am Abend vorher zurecht. Dann müssen Sie morgens nicht suchen, sondern haben Zeit und Ruhe, sich auf das Gespräch vorzubereiten.

Kleider machen Leute

Bei der Wahl Ihrer Kleidung für das Vorstellungsgespräch heißt das Zauberwort ganz einfach „angemessen". Ihre Orientierungskriterien sind die Branche und die Position sowie die damit verbundenen Anforderungen hinsichtlich Geschäfts- und Kundenkontakten oder anderen Repräsentationspflichten.

Als Sachbearbeiter oder Sachbearbeiterin im Innendienst werden andere Anforderungen an Sie gestellt als z. B. als Sekretärin mit Kundenkontakt. Auch im Außendienst oder in einer Führungsaufgabe repräsentieren Sie das Unternehmen. Ihre Kleidung beim Vorstellungsgespräch sollte deutlich machen, dass Sie sich der mit der Position verbundenen Verantwortung bewusst sind.

■ *Nutzen Sie die Chance, beim ersten Eindruck die Weichen in die richtige Richtung zu stellen. Der erste Eindruck entsteht in den ersten Augenblicken des Kontakts. Ist er positiv, führt er erst einmal zu einer positiven Meinung. Warum wollen Sie wegen unpassender Kleidung von Anfang an darum kämpfen, einen falschen ersten Eindruck zu korrigieren?* ■

An Ihre Kleidung im Vorstellungsgespräch sollten Sie allerdings schon denken, wenn Sie mit Ihren Bewerbungsunterlagen ein Photo versenden. Ihre Selbstdarstellung auf Ihrem Bewerbungsphoto sollte selbstverständlich der im Gespräch entsprechen, d. h. das Photo sollte neueren Datums sein und Ihre Kleidung im Stil der entsprechen, die Sie auch beim Vorstellungsgespräch tragen.

Angemessen heißt nicht unbedingt „mausgrauer Einheitsdress". Mit Ihrer Kleidung dürfen Sie durchaus Ihren eigenen Stil vertreten. Aber auch hier gilt: Branche und Position müssen beachtet werden.

Was heißt passend?

- Lieber over- als underdressed.

- Im Normalfall klassisches Business-Outfit.

- Ausnahmen: EDV-Bereiche und Entwicklungsabteilungen, hier kann es auch der Pullover sein.

Für Frauen gilt, fast zu banal, um erwähnt zu werden: Sie bewerben sich um eine neue Position, um nichts anderes. Angemessenheit in Kleidung und Make-up heißt für Sie: Die übermäßige Herausstellung weiblicher Reize, so attraktiv sie auch sein mögen, hat im Vorstellungsgespräch nichts verloren.

Bedenken Sie, dass auch die angemessenste Kleidung ihre Wirkung verliert, wenn Sie zerknittert und verschwitzt bei Ihrem Vorstellungsgespräch erscheinen. Ein Faktor, der insbesondere im Sommer und bei längeren Anreisewegen an Bedeutung gewinnt.

Checkliste: Outfit

Stimmt das Erscheinungsbild?	✓
Positionsangemessene Kleidung – sauber und gepflegt – Strümpfe ohne Laufmaschen – Schuhe gepflegt	
Ersatzkleidung – Strümpfe für Frauen – Bluse/Hemd im Sommer und auf längeren Strecken	
Dezentes Make-up	
Dezenter Schmuck	
Dezentes Parfüm/Rasierwasser	

■ *Kontrollfragen sind: Ist meine Kleidung geeignet, das Unternehmen nach innen und/oder außen zu repräsentieren? Wie wirkt jemand auf mich, der so gekleidet ist wie ich und sich bei mir um einen Stelle bewirbt?* ■

Ihre Fragen an das Unternehmen

> *Man muss viel gelernt haben, um über das,*
> *was man nicht weiß, fragen zu können.*
> Jean Jacques Rousseau

Diese Aussage des Philosophen Rousseau sollten Sie bei der Vorbereitung auf Ihre Vorstellungsgespräche einmal bedenken. Intelligente Fragen kann man häufig erst stellen, wenn man schon jede Menge weiß.

Sie werden sicher eine Vielzahl von Fragen zum Unternehmen und zu der ausgeschriebenen Position haben, nur sollten Sie nicht erwarten, dass Ihre Gesprächspartner Ihnen diese alle im Gespräch beantworten. Die Haltung „Um das zu erfahren, bin ich doch heute hier" bringt Sie nicht weiter, sondern schnell ins Abseits. Die Qualität Ihrer Fragen signalisiert den Grad Ihres Interesses am Unternehmen und Ihre Bereitschaft, sich eigenverantwortlich einzusetzen.

Die Frage „Was möchten Sie von uns wissen?" wird mit hoher Wahrscheinlichkeit gestellt. Ganz ehrlich, wenn Sie jemanden einstellen wollten und sie oder er würde an dieser Stelle fragen: „Was stellen Sie denn eigentlich alles her?", welchen Eindruck würde das auf Sie machen? Natürlich dürfen Sie nach der Produktpalette fragen, aber bitte auf einer soliden Grundlage selbst erarbeiteten Wissens.

Beispiel

„Aus den mir vorliegenden Informationen – ich habe Ihre Marketing-Broschüren gelesen und mich zusätzlich im Internet über die Produkte informiert – ist mit bekannt, dass Ihre Produktpalette .... umfasst. Mich würde interessieren, ob es neben diesen Hauptprodukten noch weitere Produkte gibt, die Sie Ihren Kunden anbieten?"

■ *Überzeugen Sie Ihre Gesprächspartner, indem Sie zeigen, dass Sie sich bereits im Vorfeld intensiv mit dem Unternehmen auseinandergesetzt haben.* ■

Überlegen Sie, was Sie wissen müssen

Denken Sie vor dem Gespräch über Ihren Informationsbedarf hinsichtlich des Unternehmens nach.

- Welche Fragen konnte ich aus dem mir vorliegenden Informationsmaterial nicht decken?

  . . . .
  . . . .
  . . . .

- Wo bestehen noch Unklarheiten?

  . . . .
  . . . .
  . . . .

- Welche Fragen habe ich hinsichtlich meiner Aufgaben und Perspektiven im Unternehmen?

  . . . .
  . . . .
  . . . .

Es gibt Fragen, mit denen Sie Ihr Interesse an dem Unternehmen verdeutlichen können, aber auch Fragen, die potentiellen Arbeitgebern eher signalisieren, dass Sie primär Ihre persönlichen Interessen gesichert haben wollen. Fragen, auf die Sie im ersten Gespräch besser verzichten, sind z. B.:

- Wie sind die Arbeitszeiten?
- Muss ich Überstunden machen?
- Werden Überstunden bezahlt oder als Freizeit ausgeglichen?
- Wieviel Urlaub bekomme ich?

etc.

Nutzen Sie die Stellenausschreibung, die Ihnen vorliegenden Informationsmaterialien und Ihr Erwartungsprofil an das Unternehmen (siehe Gesprächsnachbereitung und Auswahl eines neuen Arbeitgebers), um Ihre Fragen an das Unternehmen zu definieren.

Fragen, die Ihr Interesse am Unternehmen signalisieren, sind unter anderem:

- Welche Erwartungen haben Sie an Ihren neuen Mitarbeiter?

- Was wünschen Sie sich ganz besonders vom neuen Mitarbeiter?

- Wie ist die zu besetzende Position im Unternehmen eingebunden?

- Wer werden meine direkten Ansprechpartner sein?

- Gibt es eine Einarbeitungsphase für neue Mitarbeiter?

- Wieviele Kollegen gibt es in diesem Bereich?

- An wen werde ich berichten / wer ist mein direkter Vorgesetzter?

- Gibt es besondere Kenntnisse, die ich mir für die Tätigkeit noch aneignen kann?

- Gibt es Firmenleitsätze?

- Welcher Führungsstil wird in Ihrem Haus praktiziert?

- Wie sind die Möglichkeiten sich in Ihrem Haus beruflich weiterzuentwickeln?

- Besteht die Möglichkeit an Fortbildungen teilzunehmen?

Selbsteinschätzung: Was habe ich zu bieten?

Sie müssen sich verkaufen!

Ihre konsequente Vorbereitung umfasst natürlich auch die Auseinandersetzung mit Ihrer eigenen Person. Ihr Gesprächspartner will Sie so umfassend wie möglich als Person und Persönlichkeit kennenlernen. Entsprechend müssen Sie mit durchaus kritischen Fragen Ihres Gegenübers rechnen. Auf diese Fragen können Sie sich vorbereiten. Im Interviewleitfaden im Anhang finden Sie eine Reihe von Fragen, die Ihnen die Vorbereitung erleichtern. Darüber hinaus empfehlen wir Ihnen eine Selbstanalyse Ihrer persönlichen Stärken und Schwächen. Nur durch gute Vorbereitung vermeiden Sie es, in Situationen zu kommen – und in diese Situationen manövrieren Sie sich selbst –, in denen Sie nervös werden oder in Verlegenheit geraten.

Ein Bewerbungsgespräch ist immer auch ein Gespräch, in dem Sie Ihre Qualifikationen und Ihr Leistungspotential, sprich: Ihr Können verkaufen. Entscheidend ist dabei, wie gut Sie es verstehen, Ihre Gesprächspartner von Ihren Kompetenzen zu überzeugen, und nicht, wie überzeugt Sie selbst von Ihren bisherigen Leistungen und Ihrer Leistungsfähigkeit sind.

> ■ *Bereiten Sie sich so vor, dass Sie Ihr Ziel, sich selbst, Ihren bisheri-*
> *gen Werdegang, Ihre bisherigen beruflichen Stationen, aber auch klei-*
> *ne Schwächen und Lücken in positivem Licht und überzeugend ver-*
> *kaufen können. Wenn Sie Personalleiter fragen, worauf sie bei der*
> *Auswahl von zukünftigen Mitarbeitern besonderen Wert legen, wer-*
> *den Sie häufig auf die Aussage treffen: „Wichtiger als gute Noten ist*
> *uns, dass ein Bewerber authentisch deutlich machen kann, dass er mit*
> *seiner Persönlichkeit zu unserem Unternehmen passt".* ■

Ein weiterer wichtiger Aspekt ist, dass es Ihnen gelingt, Ihren Gesprächspartner von dem Nutzen und den Vorteilen zu überzeugen, die er und das Unternehmen haben, wenn Sie eingestellt werden.

Mit Fragen nach Stärken, Schwächen, Werten, Zielen und Motivation wollen Ihre Gesprächspartner Ihnen auf den Zahn fühlen, mögliche Schwachpunkte erkennen und deren Auswirkungen auf Ihre Leistungsfähigkeit für das Unternehmen einschätzen.

Wo liegen meine Stärken?

Wir leben zwar täglich mit uns, wenn uns jemand aber ganz gezielt fragt, was wir gut können, was wir an uns mögen und was unsere Stärken sind, kommen wir ins Grübeln und Stottern. Häufig fällt es uns leichter zu sagen, was wir nicht an uns mögen, was wir nicht können und was unsere Schwächen sind. Im Vorstellungsgespräch wollen Sie aber Ihre Stärken und Vorzüge als Mitarbeiterin oder Mitarbeiter verkaufen. Sie sollten sie also kennen.

Zu einer ausgewogenen Selbsteinschätzung kommen Sie in mehreren Schritten, in denen Sie immer mehr Informationen über sich und Ihre Stärken sammeln.

1 Sammeln Sie alles, was Ihnen zwischendurch zu Ihnen einfällt. Unter anderem haben Sie dafür Ihre Sammelmappe angelegt.

2 Nehmen Sie sich eine Auszeit für ein persönliches Brainstorming. Das heißt, alles aufzuschreiben, was Ihnen einfällt, ohne es im ersten Schritt in irgendeiner Form zu werten. Stellen Sie sich selbst Fragen. Anregungen finden Sie bei „Fragen für Ihr Brainstorming" auf den folgenden Seiten, aber auch im Interviewleitfaden im Anhang.

3 Wenn Sie alles notiert haben, was Ihnen zu einer Frage einfällt, gehen Sie im nächsten Schritt zu einer Bewertung der einzelnen Punkte über. Bewertung heißt z. B.:

– Kann ich das wirklich?

– Ist das wirklich so?

– Wie gut kann ich es (Wertung z. B. auf einer Skala von eins bis sieben)?

4 Sprechen Sie mit Freunden und Bekannten. Fragen Sie sie nach ihrer Einschätzung Ihrer Person, Ihren Stärken und Ihrer Leistungsfähigkeit. Prüfen Sie für sich, inwieweit Ihre Selbsteinschätzung mit der Einschätzung anderer übereinstimmt. Sie werden hier eine Menge Anregungen finden. Fragen Sie ruhig, wie Ihre Freunde zu dieser Einschätzung kommen, in welchen Situationen sie diese Kompetenzen, dieses Verhalten bei Ihnen erlebt haben.

5 Nachdem Sie gesammelt und bewertet haben, grenzen Sie die Punkte, die Sie notiert haben, auf die für Ihre Berufstätigkeit wesentlichen Aspekt ein. Diese Punkte bilden den Leitfaden für Ihre Selbstvorstellung im Bewerbungsgespräch.

Warum Sie Ihre Stärken kennen sollten

Ihre vorbereitende Auseinandersetzung mit Ihren eigenen Kompetenzen ermöglicht es Ihnen, im Vorstellungsgespräch überlegt und souverän aufzutreten und authentisch über sich selbst zu sprechen. Ein bedeutender Vorteil dieser Vorgehensweise ist, dass Sie begründen können, warum Sie der Meinung sind, dass Sie kreativ, sehr strukturiert oder teamfähig etc. sind. Sie können herausstellen, aufgrund welcher Gegebenheiten und Erfahrungen Sie zu dieser Selbsteinschätzung gekommen sind und wobei Sie diese Fähigkeiten und Kompetenzen unter Beweis stellen konnten. Nichts ist schlimmer in einem Vorstellungsgespräch, als in den Raum gestellte Aussagen zu Kompetenzen und Fähigkeiten auf Nachfrage nicht begründen zu können.

Beispiel

„Was denken Sie, wo liegen Ihre persönlichen Stärken?"
„Nun, ich bin sehr teamfähig."
„Das freut mich, wir arbeiten in unserem Haus sehr viel in Teams und Projektgruppen. Aufgrund welcher Erfahrungen sind Sie zu dieser Selbsteinschätzung gekommen?"
„Äh nun ja, äh, ich arbeite gerne mit anderen zusammen."
„Können Sie das vielleicht noch etwas konkretisieren? Was ist Ihnen in der Zusammenarbeit mit anderen besonders wichtig?"

Dieser kleine Gesprächsausschnitt macht deutlich, dass es wenig überzeugend ist, wenn Sie von Stärken und Kompetenzen oder anderen persönlichen Eigenschaften sprechen, ohne diese begründen zu können.

Einen weiteren Vorteil haben Sie dadurch, dass Sie auch wissen, inwieweit sich Ihre Kompetenzen mit den Anforderungen des Unternehmens und der gewünschten Position decken. Sie können darlegen, in welchen Bereichen und für welche Aufgabenstellungen Sie Ihre Fähigkeiten nutzbringend und erfolgreich für das Unternehmen einbringen können.

Fragen für Ihr persönliches Brainstorming (Stärken):

- Was kann ich gut?

- Welche Aufgaben übernehme ich besonders gerne? Warum erledige ich diese Aufgaben gerne?

- Was sind meine beruflichen Erfolge?

- Was schätzen meine Kollegen / Mitarbeiter / Vorgesetzten an mir?

- Welche Rückmeldungen habe ich bisher erhalten?

- Was sind meine Stärken?

- Was sind meine fachlichen Qualifikationen?

- Welche besonderen Verhaltenskompetenzen habe ich?

- Was schätzen meine Freunde an mir?

- Aus welchen Situationen kenne ich dieses Verhalten?

Nachdem Sie Ihre Stärken herausgearbeitet haben ist es sinnvoll, diese so aufzuarbeiten, dass Sie sich vor dem Vorstellungsgespräch schnell noch einmal einen Überblick verschaffen können. Wir schlagen Ihnen vor, ein Profil wie unten abgebildet zu erstellen. In das abgebildete Profil haben wir einige Kompetenzen als Beispiele eingetragen. Diese müssen nicht Ihren Stärken entsprechen. Passen Sie sich das Profil so an, dass es Ihr persönliches Kompetenzprofil wiedergibt.

Kompetenzprofil: Stärken

Verhalten/ Eigenschaft	Ausprägung gering ⟶ sehr hoch							Begründung/ Situation
	1	2	3	4	5	6	7	
Fachkenntnisse:	O	O	O	O	O	O	O	
–	O	O	O	O	O	O	O	
–	O	O	O	O	O	O	O	
–	O	O	O	O	O	O	O	
–	O	O	O	O	O	O	O	
Kontaktfähigkeit	O	O	O	O	O	O	O	
Sensibilität	O	O	O	O	O	O	O	
Durchsetzungs- fähigkeit	O	O	O	O	O	O	O	
Organisations- talent	O	O	O	O	O	O	O	
	O	O	O	O	O	O	O	
	O	O	O	O	O	O	O	
	O	O	O	O	O	O	O	
	O	O	O	O	O	O	O	
	O	O	O	O	O	O	O	
	O	O	O	O	O	O	O	

Wo liegen meine Schwächen?

Ihre Leistungspotentiale sind Ihre Verkaufsargumente. Sie bilden die Grundlage Ihrer Überzeugungsstrategie. Ihnen und jedem Personalentscheider ist klar, dass Sie neben Stärken auch über schwächere Kompetenzbereiche verfügen, d. h. eine kritische Selbstanalyse ist ohne die Betrachtung der Bereiche, die Sie selbst als Schwächen ansehen, unvollständig. Die Fragen: „Wo sehen Sie Ihre Schwächen?", „In welchen Bereichen würden Sie Ihre Kompetenzen gerne erweitern?" werden häufig in einem Atemzug mit der Frage nach Ihren Stärken gestellt. Bereiten Sie sich darauf vor.

Um zu wissen, wo Sie sich weiterentwickeln bzw. verbessern können, gehen Sie wie bei der Analyse Ihrer Stärken vor.

1 Halten Sie zwischendurch fest, was Sie nicht so sehr an sich schätzen.

2 Persönliches Brainstorming und Auswertung.

- Kann ich das wirklich nicht?

- Ist das wirklich so?

- Wie wenig kann ich es (Wertung z. B. auf einer Skala von eins bis sieben)?

3 Fragen Sie Freunde und Bekannte.

4 Grenzen Sie die Punkte auf beruflich relevante Aspekte ein.

Fragen für Ihr persönliches Brainstorming (Schwächen):

- Was kann ich nicht gut?

- Welche Aufgaben mache ich nur ungern oder widerwillig?

- Warum erledige ich diese Aufgaben so ungern?

- Was sind meine beruflichen Misserfolge?

- Was mögen meine Kollegen/Mitarbeiter/Vorgesetzten nicht an mir?

- Welche Rückmeldungen habe ich bisher erhalten?

- Was sind meine fachlichen Defizite?

- Welche Verhaltenskompetenzen hätte ich gerne?

- Was mögen meine Freunde nicht an mir?

- Woher kenne ich dieses Verhalten? Wann fehlt mir diese Kompetenz?

Wie kann ich das Wissen um meine Schwächen nutzen?

Wenn Sie sich mit den Bereichen auseinandersetzen, in denen Sie Ihrer Meinung nach nicht so gut sind, erhöhen Sie nicht nur Ihre Sicherheit und Überzeugungskraft im Vorstellungsgespräch, Sie können noch einen weiteren Vorteil daraus ziehen. Sie erhalten wichtige Anhaltspunkte, in welchen Bereichen Sie Ihre Kompetenzen in Eigenverantwortung erweitern können, um Ihre beruflichen Ziele zu erreichen. Für die von Ihnen erarbeiteten Entwicklungsbereiche sollten Sie sich also auch fragen:

- Wie bedeutsam ist diese Kompetenz für meinen beruflichen Erfolg?

- Wie bedeutsam ist diese Kompetenz für meine weitere berufliche Entwicklung (z. B. nächste Hierarchieebene)?

- Was kann ich tun, um meine Kompetenzen in diesem Bereich zu erweitern?

Ihre Ergebnisse können Sie in ein eigenes, neues Profil eintragen. Hier sollten Sie in die letzte Spalte eintragen, wie Sie Ihre heute noch wahrgenommenen Schwächen abbauen und neue Kompetenzen gewinnen werden. Damit haben Sie gleichzeitig wichtige und überzeugungsstarke Argumente für Ihre Vorstellungsgespräche. Sie machen deutlich, dass Sie eigeninitiativ an Ihrer beruflichen Entwicklung arbeiten.

Sie können aber auch ein gemeinsames Stärken/Schwächen-Profil erstellen. Dann haben Sie Ihr persönliches Kompetenzprofil auf einen Blick.

Sorgen Sie für ein vorteilhaftes Gleichgewicht

Wenn Sie im Vorstellungsgespräch über Ihre Schwächen sprechen, sollten Sie durchaus etwas zurückhaltend sein. Sie sollten zwar nicht behaupten, Sie könnten etwas, was für die in Frage stehende Position eine Muss-Anforderung ist. Solche Vortäuschungen falscher Tatsachen sind spätestens bei Arbeitsbeginn offensichtlich. Sie müssen aber auch nicht jede Schwäche nennen. Die Aussage: „Ich bin manchmal zu ungeduldig" wird allerdings von vielen Personalverantwortlichen nur noch belächelt. Diese Aussage zu nutzen – weil sie eigentlich keine wirkliche Schwäche ist – wird Bewerbern häufig

Kompetenzprofil: Schwächen
(Stärken/Schwächen)

Verhalten/ Eigenschaft	Ausprägung gering ⟶ sehr hoch							Begründung/ Situation
	1	2	3	4	5	6	7	
Fachkenntnisse:	O	O	O	O	O	O	O	
–	O	O	O	O	O	O	O	
–	O	O	O	O	O	O	O	
–	O	O	O	O	O	O	O	
–	O	O	O	O	O	O	O	
Kontaktfähigkeit	O	O	O	O	O	O	O	
Sensibilität	O	O	O	O	O	O	O	
Durchsetzungs- fähigkeit	O	O	O	O	O	O	O	
Organisations- talent	O	O	O	O	O	O	O	
	O	O	O	O	O	O	O	
	O	O	O	O	O	O	O	
	O	O	O	O	O	O	O	
	O	O	O	O	O	O	O	
	O	O	O	O	O	O	O	
	O	O	O	O	O	O	O	
	O	O	O	O	O	O	O	
	O	O	O	O	O	O	O	

geraten. Aber alles, was zu häufig vorkommt, verliert irgendwann seine Wirkung.

Wie passen meine Kompetenzen zur gewünschten Position?

Wir haben bereits betont, dass eine Anforderung im Vorstellungsgespräch für Sie darin liegt, Ihrem Gesprächspartner den Nutzen aufzuzeigen, den er und sein Unternehmen gewinnen, wenn Sie eingestellt werden. Ihr Kompetenzprofil gibt Ihnen hier wichtige Informationen. Erfolgreich nutzen können Sie Ihre Kompetenzen aber erst, wenn Sie wissen, inwieweit Ihr Kompetenzprofil mit dem Anforderungsprofil der Stelle übereinstimmt.

Erstellen Sie ein Anforderungsprofil

Im nächsten Schritt gilt es, Ihre persönlichen Stärken mit den Anforderungen der ausgeschriebenen Position abzugleichen.

Listen Sie alle fachlichen, persönlichen und verhaltensbezogenen Anforderungen, die Sie aus der Stellenausschreibung oder anderen Informationen gewinnen können, auf. Versuchen Sie einzuschätzen, wie stark die Kompetenzausprägung bei dem neuen Mitarbeiter vom Unternehmen gewünscht wird. Die von Ihnen erkannten Anforderungen können Sie jetzt in Ihrem Kompetenzprofil ergänzen, indem Sie die gewünschten Ausprägungen z. B. in einer anderen Farbe eintragen. Sind Sie sich unsicher, wie wichtig eine Kompetenz für die zu besetzende Position ist, diese Anforderung aber in Ihren Informationsmaterialien erwähnt wurde, tragen Sie eine

Kompetenzausprägung mit dem Wert 4 oder 5 ein. Damit vermeiden Sie, eine Anforderung zu unterschätzen.

Folgende Fragen helfen Ihnen bei der Erarbeitung des Anforderungsprofils:

- Welche Anforderungen und Erwartungen werden aus der Stellenausschreibung deutlich?

  . . . .
  . . . .
  . . . .
  . . . .

- Welche Anforderungen konnte ich aus anderen Informationsmaterialien oder Gesprächen ableiten?

  . . . .
  . . . .
  . . . .
  . . . .

- Welche Anforderungen sind mir aus Gesprächen mit Firmenmitarbeitern bekannt?

  . . . .
  . . . .
  . . . .
  . . . .

- Welche Anforderungen sind mir aus vergleichbaren Positionen in anderen Unternehmen bekannt?

  . . . .
  . . . .
  . . . .
  . . . .

Wenn Sie Ihr Kompetenzprofil um Anforderungen ergänzen müssen, die in Ihrer eigenen Stärken/Schwächen-Analyse keine Rolle gespielt haben, sollten Sie noch einmal kritisch überprüfen, wie Ihre Kompetenzen in diesem Bereich ausgeprägt sind.

Im nächsten Schritt können Sie die einzelnen Punkte Ihres Kompetenzprofils miteinander zu einer Linie verbinden und das Gleiche mit den Punkten des Anforderungsprofils tun. Jetzt können Sie auf einen Blick erkennen, inwieweit beide zusammen passen.

- Inwieweit stimmt mein Kompetenzprofil mit dem Anforderungsprofil des Unternehmens überein (Übereinstimmungen, leichte Differenzen, größere Differenzen)?

  . . . .
  . . . .
  . . . .
  . . . .

- Wo liegen meine besonderen fachlichen Qualifikationen?

  . . . .
  . . . .
  . . . .
  . . . .

- Wo liegen meine besonderen persönlichen Kompetenzen?

  . . . .
  . . . .
  . . . .
  . . . .
  . . . .

■ Welche Vorteils- und Nutzen-Argumentation kann ich aus dem Profilvergleich ableiten?

. . . .
. . . .
. . . .
. . . .

■ Wie kann ich hinsichtlich deutlicher Unterschiede zwischen beiden Profilen argumentieren?

. . . .
. . . .
. . . .
. . . .

■ Was kann ich tun, um diese Unterschiede zu verringern?

. . . .
. . . .
. . . .
. . . .

■ Verfüge ich über Qualifikationen, mit denen ich mich von anderen Bewerbern abgrenzen kann?

. . . .
. . . .
. . . .
. . . .

Kompetenzprofil/Anforderungsprofil

Verhalten/ Eigenschaft Anforderung	Ausprägung gering ⟶ sehr hoch							Begründung/ Situation/ Maßnahmen zur Kompetenz- erweiterung Argumentations- notizen
	1	2	3	4	5	6	7	
Fachkenntnisse:	O	O	O	O	O	O	O	
–	O	O	O	O	O	O	O	
–	O	O	O	O	O	O	O	
–	O	O	O	O	O	O	O	
–	O	O	O	O	O	O	O	
Kontaktfähigkeit	O	O	O	O	O	O	O	
Sensibilität	O	O	O	O	O	O	O	
Durchsetzungs- fähigkeit	O	O	O	O	O	O	O	
Organisations- talent	O	O	O	O	O	O	O	
	O	O	O	O	O	O	O	
	O	O	O	O	O	O	O	
	O	O	O	O	O	O	O	
	O	O	O	O	O	O	O	
	O	O	O	O	O	O	O	
	O	O	O	O	O	O	O	
	O	O	O	O	O	O	O	
	O	O	O	O	O	O	O	

Vorstellungsgespräche führen

Ihre gesamte bisherige Vorbereitung verfolgte das Ziel, dass Sie Ihre Vorstellungsgespräche selbstsicher, überzeugend und innerlich ruhig führen können.

Zeitweise hört man, dass Bewerber und Bewerberinnen Personalentscheider im Auswahlgespräch eher als „Feinde" betrachten, die einen primär aushorchen wollen. Wir denken, dass das ein völlig falscher Ansatz ist.

> ■ *Denn letztendlich haben Sie beide das gleiche Interesse: Herauszufinden, ob Sie zukünftig zusammenarbeiten können. Sie sind Gesprächspartner, nicht Gegner.* ■

Bevor wir auf die einzelnen Gesprächsphasen, -strategien und Ihre Gesprächsführung eingehen, halten wir es für wichtig, Sie über einige Aspekte der menschlichen Wahrnehmung und die kleineren und größeren Fehler, die uns bei der Einschätzung und Beurteilung anderer Personen unterlaufen, zu informieren. Wenn Sie wissen, worauf es hier ankommt, können Sie über Ihr aktives Gesprächsverhalten von Anfang an einen positiven Einfluss auf das Gesprächsergebnis nehmen.

Wie wir andere wahrnehmen und beurteilen

Nehmen Personalleiter an einem Training zum „richtigen Führen von Einstellungsinterviews" teil, werden sie auch darin geschult, Fehler in der Wahrnehmung und Beurteilung von Bewerbern zu vermeiden. Bei diesen Fehlern spricht man auch von „Wahrnehmungstendenzen". Diese können z. B. dazu führen, dass wir in bestimmten Situationen nur bestimmte Dinge wahrnehmen und andere nicht. Aus dieser begrenzten Wahrnehmung ziehen wir dann – womöglich vorschnelle – Schlüsse.

Wir unterliegen alle – sicherlich in unterschiedlicher Ausprägung – den gleichen Wahrnehmungstendenzen. Diese Tendenzen beeinflussen auch Ihren Eindruck vom Unternehmen und den Gesprächspartnern. Wenn Sie sie kennen, können Sie sich nicht nur in Ihrem eigenen Verhalten darauf einstellen, sondern sich auch vor voreiligen Beurteilungen schützen.

Der erste Eindruck

Viele Personalentscheider behaupten stolz, dass sie nach drei bis fünf Minuten wissen, ob der Kandidat zum Unternehmen passt oder nicht. Dass eine so komplexe Entscheidung nicht in so kurzer Zeit getroffen werden kann, leuchtet schnell ein. Aber viele Menschen haben sich nach dieser kurzen Zeit tatsächlich eine relativ feste Meinung gebildet.

Haben wir uns erst einmal eine Meinung gebildet, nehmen wir von dem, was wir hören und sehen, vorzugsweise nur noch das wahr, was zu dieser Meinung passt. Andere

Informationen, die wir aufnehmen, schätzen wir in ihrer Bedeutung als wesentlich geringer ein oder vergessen sie ganz schnell wieder.

Was heißt das für Sie bei der Bewerbung?

Es ist Ihnen gelungen, mit Ihren schriftlichen Bewerbungsunterlagen den „ersten Eindruck" zu vermitteln, dass Sie zum Unternehmen und zur ausgeschriebenen Position passen. Da dieser Eindruck nur auf „Papier"-Informationen beruht, ist er nicht sehr gefestigt, aber man wird Ihnen erst einmal wohlwollend begegnen.

Im Vorstellungsgespräch erfolgt die erste Meinungsbildung in den ersten fünf Minuten. Das macht die folgenden Aspekte für Sie bedeutsam. Hier liegt Ihre erste Chance, die Meinungsbildung bei Ihrem Gegenüber in die richtige Richtung zu lenken:

- Sie sind pünktlich.

- Sie sind ordentlich und angemessen gekleidet.

- Sie sind nicht verschwitzt und abgehetzt.

- Sie stehen nicht unter Zeitdruck.

- Sie begegnen Ihrem Gegenüber offen und freundlich im ersten Kontakt.

- Sie schauen den anderen offen an.

- Selbstverständlich beklagen Sie sich nicht über die schwierige und lange Anreise oder über die ungünstige Terminierung des Gesprächs.

■ Sie machen nicht den Fehler, sich sofort eine Meinung zu bilden. Sie nehmen alle Informationen und Eindrücke offen auf, um Sie nach dem Gespräch für sich auszuwerten. Eine vorschnelle Meinungsbildung beeinflusst auch Ihr Verhalten, schränkt Ihre Offenheit ein und im schlimmsten Fall bauen Sie sich selbst damit Kommunikationsbarrieren auf.

Gab es im Vorfeld des ersten persönlichen Kennenlernens schon Kontakte, die über Ihre schriftliche Bewerbung und die Terminvereinbarung hinausgingen? Waren sie positiv und erfreulich, bieten sie ideale Anknüpfungspunkte bei der persönlichen Kontaktaufnahme. Waren sie eher negativ – wie z. B. eine notwendige Terminverschiebung – ist es Ihre Aufgabe, mögliche Voreinschätzungen im ersten persönlichen Kontakt in eine positive Richtung zu lenken.

■ *Wenn Sie den ersten Eindruck aktiv mitgestalten wollen, denken Sie einfach einmal darüber nach, was Sie bei anderen zuerst wahrnehmen und was positiv und was negativ auf Sie wirkt. Wo gehen Ihre Blicke hin? Schuhe, Hände, Haare? Wie wirken starke Dialekte auf Sie? Müssen Sie sich als Hamburger vielleicht in München vorstellen? Nutzen Sie Ihre Chance zu positiver Beeinflussung.* ■

Auch Sympathie können Sie steuern

Natürlich ist ein Gespräch leichter, wenn Sie sich von Anfang an sympathisch sind. Die erlebte Sympathie steht in einer engen Wechselwirkung mit Aktivität und Kontakt. Alle drei beeinflussen sich gegenseitig. Die Aktivität können Sie am stärksten beeinflussen. Sie ist ganz einfach die Summe aus verbaler (Sprache, Ausdruck etc.) und non-verbaler (Haltung, Gestik, Mimik etc.) Kommunikation und Initiative. Was hindert Sie also, aktiv Kontakt aufzunehmen und zu gestalten?

Vermeiden Sie es Erwartungen zu enttäuschen

Anhand Ihrer Unterlagen und eventueller telefonischer Kontakte hat sich Ihr Ansprechpartner ein Bild von Ihnen gemacht, er hat sich eine Meinung über Sie gebildet. Diese ist mit bestimmten Erwartungen an Ihre Person verknüpft. Wem ist es zu verübeln, dass er, wenn ihm dann jemand das erste Mal gegenübersteht, diese Erwartung bestätigt haben möchte?

Wenn sich nun aber schon zu Beginn oder im Verlauf des Gesprächs abzeichnet, dass seine Erwartungen nicht erfüllt werden, ist es fast verständlich, dass er enttäuscht reagiert. Wie stark diese Reaktion ist, ist davon abhängig, wie hoch seine Erwartung ist. Vielleicht hat er schon einen herausragenden Bewerber angekündigt. Dann droht ihm zusätzlich zur persönlichen Enttäuschung auch noch ein „Gesichtsverlust".

Was bedeutet dies für Sie?

- Ihre äußere Erscheinung auf dem Bewerberfoto und beim Gespräch entsprechen einander.

- Kompetenzaussagen im Anschreiben können Sie im Gespräch überzeugend begründen und festigen. Sie verfügen tatsächlich über die gewünschten Fähigkeiten.

- Sie haben in Ihrer Bewerbung keine wesentlichen Informationen ausgelassen, die im Gespräch zu „negativen" Überraschungen bei Ihrem Gesprächspartner führen.

Nutzen Sie Gemeinsamkeiten

Wahrgenommene Ähnlichkeiten erhöhen die Sympathie, die wir einer Person entgegenbringen. Krasse Unterschiede bzw. Gegensätze schränken das Maß der Sympathie ein. Hat jemand das gleiche Hobby wie ich, kommt aus der gleichen Stadt oder kennt jemanden, den ich mag, erscheint er mir viel sympathischer, als wenn dies nicht der Fall ist.

Was bedeutet das für Ihr Verhalten?

■ Erfahren Sie im Gespräch, dass es Übereinstimmungen in Hobbys, Interessen, Dingen und Menschen, die Sie kennen, gibt, lassen Sie einfließen, dass Sie in diesem Bereich auch Vorlieben und Interessen haben:

Beispiel

„Ja, die Schwebebahn in Wuppertal ist eine sehr interessante Konstruktion. Ich habe vier Jahre dort gewohnt und bin natürlich öfter damit gefahren. Die Technik fand ich jedes Mal wieder faszinierend."

■ Lassen Sie sich ruhig auf ein kurzes Gespräch über die entdeckte Gemeinsamkeit ein. Ihr Gegenüber fühlt sich eventuell sehr wohl, wenn er ein wenig mit Ihnen darüber plaudern kann. Das Gesprächsangebot hierzu sollte aber von Ihrem Gesprächspartner kommen.

■ Hören Sie erst gut zu, bevor Sie weit reichende Aussagen über entdeckte Gemeinsamkeiten machen. Trotz eines gemeinsamen Hobbys kann die Einschätzung sehr unterschiedlich sein. Sie sollten Ihren Gesprächspartner eher in seiner Haltung bestätigen können. Können Sie dies aufgrund Ihrer eigenen Überzeugung nicht, zügeln Sie sich lieber, anstatt zu widersprechen. Sie wollen ja keinen Freizeitpartner gewinnen, sondern eine neue Stelle bekommen.

- Wenn Sie im Gespräch erkennen, dass es bei Interessen oder Dingen größere Unterschiede gibt, versuchen Sie nicht, den anderen von Ihrer Meinung zu überzeugen.

- Erst gut zuhören ist auch geboten, wenn Sie gemeinsame Bekannte haben. Prüfen Sie erst, ob Ihr Gesprächspartner dieser Person wirklich wohlwollend gegenübersteht. Auch wenn Sie sich in Ihrer negativen Meinung über eine Person scheinbar einig sind, halten Sie sich selber mit Meinungsäußerungen zurück. In einer Bewerbungssituation ist „schlechte Nachrede" Ihrerseits immer ein zu hohes Risiko.

Der letzte Eindruck

So wie Sie durch Ihr Verhalten den Gesprächseinstieg, die erste Phase des Kontaktes, positiv gestalten können, können Sie auch die letzte Phase des Gesprächs und den Gesprächsabschluss positiv gestalten.

Hier wirkt der „letzte Eindruck". Diese Wahrnehmungstendenz besagt – was leicht nachzuvollziehen ist – dass die Informationen und Eindrücke, die ich zuletzt aufnehme, besser behalten werden als zuvor aufgenommene. Dabei kann es auch passieren, dass diese Informationen frühere unangemessen stark überlagern und Meinungen verzerren. Passiert Ihnen etwa am Ende des Gesprächs ein Patzer, kann es sein, dass Ihr Gesprächspartner zu einem schlechteren Urteil kommt.

Beispiel

„Das Gespräch ist ja sehr gut verlaufen, wir hatten eigentlich einen sehr guten Eindruck. Aber dann, die Aussage am Ende des Gesprächs hat alles wieder in Frage gestellt. Sehr schade."

Das muss nicht sein, zumal Sie durch Ihr Verhalten dazu beitragen können, dass das Gespräch harmonisch und wohlwollend endet.

Was bedeutet das für Ihr Verhalten?

- Bleiben Sie gleichbleibend aktiv und interessiert.

- Halten Sie den Kontakt zu Ihrem Gesprächspartner.

- Lassen Sie sich auch am Ende des Gespräch in einer vielleicht jetzt schon vertrauten Atmosphäre nicht zu vertraulichen oder sehr persönlichen Aussagen verleiten.

Was Sie über den Verlauf von Vorstellungsgesprächen wissen sollten

Was wollen Sie mit dem Gespräch erreichen?

Obgleich auch wir immer wieder betonen, dass es für Sie im Bewerbungsgespräch darum geht, sich erfolgreich zu „verkaufen", unterscheiden sich Personalauswahlgespräche doch erheblich von Verkaufsgesprächen. Hier stehen nicht materielle Aspekte im Vordergrund, sondern eher persönliche und weit reichende Entscheidungen. Ein weiterer wesentlicher Unterschied ist, dass es hier nicht darum geht, dem anderen etwas zu „verkaufen", sondern eine gemeinsame Basis zu finden.

- *Eine gemeinsame Entscheidung zum bestmöglichen gegenseitigen Nutzen ist und muss das Ziel sein. Im Vorstellungsgespräch steht das Erkennen der gegenseitigen Erwartungen und Angebote im Vordergrund und bestimmt die Gesprächsführung.* ■

Die Auswirkungen einer Fehlentscheidung bestimmen die Bedeutung des Gesprächs. Für den Arbeitgeber verursacht eine Fehlentscheidung Kosten, die z. B. durch eine erneute Suche, aber auch dadurch entstehen, dass die Aufgaben, die mit der zu besetzenden Position verbunden sind, nicht in vollem Umfang erledigt werden können. Für Sie wiederum kann eine Fehlentscheidung existentielle Folgen haben, wenn Sie z. B. aus einem gesicherten Arbeitsverhältnis und Umfeld wechseln und noch während der Probezeit mit einem notwendigen weiteren Stellenwechsel konfrontiert werden.

Worum geht es?

Für beide Seiten steht im Vordergrund, möglichst viele Informationen zu bekommen. Für Sie geht es um folgende Informationen:

- Welche Anforderungen sind mit der Stelle verbunden? Stimmen diese Anforderungen und die eigenen Qualifikationen und Kompetenzen überein?

- Entsprechen alle gewonnenen Informationen über Entwicklungsmöglichkeiten, Unternehmens- und Führungskultur, Verantwortungs- und Einflussbereiche, aber auch Arbeitszeiten, Stellung des Unternehmens am Markt etc. der Realität?

- Stimmen Ihre persönlichen Ziele mit den Zielen des Unternehmens überein?

> ■ *Eine letztendliche Sicherheit werden Sie nicht erreichen können, ebensowenig wie Ihr Gegenüber dies in Bezug auf Ihre Person kann. Ihr Gesprächsverhalten ist mit entscheidend dafür, wie viele Informationen Sie gewinnen. Hier liegt Ihr aktiver Anteil an der Gesprächsführung.* ■

Was wird wann im Vorstellungsgespräch besprochen?

Wie in allen Gesprächen ist der Verlauf eines Vorstellungsgesprächs in hohem Maße von den beteiligten Personen abhängig. Sie sollten sich jedoch bewusst machen, dass die Gesprächsführung beim Unternehmensvertreter liegt und auch dort bleibt. Sie können durch Ihr eigenes Verhalten den Verlauf des Gesprächs zwar mitgestalten, aber nicht die Gesprächsführung übernehmen. Damit befinden Sie sich in einer gewissen Abhängigkeitssituation.

Ihre Vorbereitung auf das Gespräch und Ihre aktive Beteiligung am Gespräch wollen wir unterstützen, indem wir Ihnen aufzeigen, wie ein Vorstellungsgespräch in der Regel abläuft und wie Personalentscheider häufig agieren. Wir geben Ihnen Hinweise für Ihr eigenes Verhalten, die es Ihnen erlauben, sich optimal zu präsentieren.

Vorstellungsgespräche durchlaufen meist verschiedene Gesprächsphasen, in denen verschiedene Informationsschwerpunkte im Vordergrund stehen.

1 Kontakt aufbauen/Warming up
Fragen zur Anreise, Wegbeschreibung, Verkehrssituation etc.

2 Kurzvorstellung des Unternehmens (grobe Rahmendaten)

3 Präsentation des Kandidaten
Darstellung von Ausbildungs- und Berufsweg, Fragen zu Lebenslauf, Zeugnissen, Referenzen etc.

4   Vertiefende Fragen

- Wechselmotivation, Gründe für die Bewerbung
- Fragen zum bisherigen (jetzigen) Arbeitgeber und zu bisherigen Aufgabenstellungen
- Fragen zu Kompetenzen und Qualifikation, beruflichen Zielen und Erwartungen, bisherigen und geplanten Weiterbildungen
- Fragen zur Person, Persönlichkeit, Familie, Freizeit und persönlichen Werten
- bei situativen Interviews: in dieser Phase eventuell Rollenspiele, z. B. ein Verkaufsgespräch

5   Detaillierte Vorstellung der zu besetzenden Position und des Unternehmens

- Stellenbeschreibung, Aufgabenbeschreibung, Team und Kollegen, Vorgesetzte, Erwartungen, notwendige Kompetenzen, Verantwortungsbereiche, Einordnung der Position ins Organigramm der Unternehmung
- eventuell auch in dieser Phase Einbau von Fallstudien
- detaillierte Information über das Unternehmen und Unternehmensdaten

6   Fragen des Bewerbers

7   Information zu Rahmendaten des Beschäftigungsverhältnisses

- beiderseitige vertragliche Erwartungen
- Einstellungstermin, Gehaltsvorstellungen und -angebot etc.

8   Abschluss und Ausklang des Gesprächs, Klären der weiteren Vorgehensweise (eventuell weiteres Gespräch)

> ■ *Jede Phase umfasst verschiedene Chancen, aber auch Gefahrenpunkte für Ihre erfolgreiche Selbstpräsentation.* ■

Die einzelnen Phasen werden Sie nicht immer in genau dieser Reihenfolge finden. Auch eine für Sie klar erkennbare Abgrenzung der Phasen wird nicht immer gegeben sein. Hier wirkt sich die Gesprächsstrategie und Kompetenz des Unternehmensvertreters aus.

Haben Sie sich sehr gut auf das Gespräch vorbereitet und sind Sie in der Lage, sich flexibel auf Ihren Partner einzustellen, dann spielt es für Sie keine Rolle, über was zuerst gesprochen wird.

Nachfolgend werden wir die Schwerpunkte der einzelnen Phasen etwas genauer betrachten und dabei sowohl auf Ihre Chancen für eine positive Selbstdarstellung als auch auf die Gefahrenpunkte hinweisen.

Wie Sie beim Warming-up mitgestalten können

Diese Einstiegsphase werden Sie wohl in jedem Gespräch finden. Ein kurzer Smalltalk dient der beiderseitigen Einstimmung. Von der unproblematischen Anreise bis zum Wetter kann alles angesprochen werden. Ziel Ihrer Gesprächspartner ist, Ihnen ein wenig der Anspannung zu nehmen und einen positiven Kontakt herzustellen.

> ■ *Der Smalltalk darf aber nicht darüber hinweg täuschen, dass dieser Moment entscheidend ist. Es ist der Moment des „Ersten Eindrucks". Ihr Gegenüber bildet sich eine erste Meinung von Ihnen.* ■

Denken Sie daran, dass viele Personalleute der Meinung sind, dass sie nach fünf Minuten wissen, ob jemand zum Unternehmen passt oder nicht. Das heißt, dass diese Personen sehr stark dazu neigen, nach einer einmal gefassten Meinung Informationen so selektiv aufzunehmen, dass ihre bestehende Meinung gestärkt wird (vgl. erster Eindruck). Gestalten Sie die Situation positiv.

Tipps für Ihr Verhalten

Trockener fester Händedruck

– Wenn Sie aufgrund der Außentemperaturen oder Ihrer inneren Anspannung feuchte Hände haben, trocknen Sie sie vorher kurz ab, ein Papiertaschentuch reicht hierfür.

– Geben Sie die ganze Hand, nicht nur drei Finger. Erwidern Sie einen festen Händedruck ebenso fest. Kennen Sie das Gefühl, wenn Sie jemandem die Hand geben und selbst das Gefühl haben, der andere traut sich nicht? Kleiner Tipp: Achten Sie auf Ringe an der Hand Ihres Gegenübers. Wenn Sie bei Ringen die angebotene Hand nicht richtig fassen und zu fest zudrücken, bereiten Sie dem anderen keine Freude, sondern Schmerzen. Das muss nicht sein.

Non-verbales Verhalten

Zeigen Sie mit Ihrem non-verbalen Ausdrucksverhalten (Gestik, Mimik, Körperhaltung etc.), dass Sie offen und interessiert in dieses Gespräch gehen, d. h.:

– Offener und grader Blickkontakt. Mit zu schnellem Wegschauen und Blicksenken signalisieren Sie Unsicherheit.

– Offener und freundlicher Gesichtsausdruck. Lächeln Sie, dann wirken Sie freundlich und sind entspannter.

– Offene und gerade Körperhaltung. Es gibt keinen Grund, sich zu verstecken und den Kopf einzuziehen. Also Kopf hoch, Schultern und Kreuz gerade.

Sprachliches Ausdrucksverhalten

Auch wenn hier nur geplaudert wird. Freundlich, aber bestimmt und fest sollte Ihre Stimme sein.

Hören Sie bei der Kurzvorstellung des Unternehmens genau zu

Die zweite und dritte Phase des Gesprächs variieren mit den Vorlieben Ihres Gesprächspartners. Erfolgt zu Beginn des Gesprächs eine kurze Vorstellung des Unternehmens, will man Ihnen damit die Situation erleichtern, Ihnen quasi den Anfang abnehmen. Jeder Personalverantwortliche weiß, dass Bewerber eine gewisse Anspannung mitbringen, diese will man aus der Situation nehmen.

Hier liegt Ihre zweite große Chance im Vorstellungsgespräch. Sehr viele Menschen – auch Personalverantwortliche und Führungskräfte sind davor nicht geschützt – hören sich selber gerne reden. Da kann es schon leicht passieren, dass Ihr Gegenüber Ihnen in dieser Phase mehr Informationen über Unternehmen und Position gibt, als er vielleicht wollte.

■ *Seien Sie aufmerksam und notieren Sie sich alle wesentlichen Aussagen!* ■

- Welche wesentlichen Unternehmens- und Positionsdaten werden genannt?

- Was stellt Ihr Gegenüber besonders in den Vordergrund?

- Gibt es Aussagen zu Unternehmens- und Führungskultur?

- Werden Aussagen zu Anforderungen der in Frage stehenden Position gemacht?

- Gibt es Aussagen zu den Zielen des Unternehmens?

- Gibt es Aussagen zu aktuellen Entwicklungen, Prozessen oder Aufgaben im Unternehmen?

Wenn Sie in der glücklichen Situation sind, dass Ihnen Ihr Gesprächspartner bereits zu Beginn des Gesprächs erste Informationen zu Unternehmen und Position gibt, haben Sie die Chance, diese in Ihrer Selbstpräsentation zu berücksichtigen. Das heißt, Sie können von Anfang an Ihre Ausführungen in Einklang mit Anforderungen und Erwartungen des Unternehmen bringen. Nutzen Sie diese Chance und hören Sie sehr aufmerksam und genau zu.

Notieren Sie sich stichpunktartig alle für Sie wichtigen Aussagen, die Sie

- in Ihrer Selbstpräsentation aufgreifen können,

- die Ihnen nicht ganz klar sind,

- die Sie vertiefen möchten,

- die Sie für Ihre Fragen zu Unternehmen und Position einbringen möchten.

Wie Sie sich perfekt präsentieren

In dieser Phase sind Sie aufgefordert, wesentliche und für Ihr Gegenüber entscheidungsrelevante Informationen zu sich selbst und Ihrem bisherigen Lebenslauf weiterzugeben. Nach der Aufforderung „Erzählen Sie uns doch zuerst noch einmal etwas zu sich!" (oder so ähnlich) haben Sie die Möglichkeit, die Situation für sich selbst erfolgreich zu gestalten. Diese Frage – an welcher Stelle und in welcher Form auch immer – fehlt in keinem Vorstellungsgespräch. Nutzen Sie Ihre Chance.

- Sie sollten so gut vorbereitet sein, dass Sie ca. 10 Minuten frei über sich selbst und Ihren beruflichen Werdegang erzählen können. Damit ist nicht gemeint, dass Sie Ihren Lebenslauf einfach runterspulen. Sie wollen von sich überzeugen!

- Aufgrund Ihrer guten Vorbereitung können Sie auf die Frage „Wo soll ich denn beginnen?" verzichten. Sie können selbst einschätzen, ab wann Ihr Lebenslauf für Ihre Gesprächspartner interessant ist. Beschreiben Sie, was Ihre Person ausmacht, was Ihre Qualifikationen kennzeichnet. Was ist Ihnen selbst wichtig, was haben Sie bisher erreicht und wodurch sind Sie das geworden, was Sie heute sind? Verweisen Sie kurz auf Verbindungen zwischen Anforderungen des Unternehmens und Ihrem Qualifikationsprofil. Verlieren Sie sich dabei nicht in zu vielen Details. Mit zu langen Monologen laufen Sie Gefahr, die anderen zu langweilen. Die Anforderung heißt:

  - Wesentliches und Wichtiges von Details trennen zu können,

– nicht bei „Adam und Eva" zu beginnen,

– Aussagen zur persönlichen Entwicklung auf die beruflich relevanten Aspekte zu begrenzen.

■ Natürlich sind Sie so gut vorbereitet, dass Sie die Schwerpunkte Ihrer Selbstpräsentation flexibel an die bisher erhaltenen Informationen anpassen können. Sie haben herausgehört und notiert, welche Schwerpunkte das Unternehmen setzt, was in diesem Unternehmen besonders wichtig ist und welche Ziele und Anforderungen mit der zu besetzenden Position verbunden sind.

■ Bedenken Sie bei Ihrer Selbstdarstellung, dass Ihr Gegenüber mit sehr hoher Wahrscheinlichkeit nicht sein erstes Vorstellungsgespräch führt. Er kennt schlecht vorbereitete Bewerber, Tricks und den Versuch, kleinere oder größere Mängel in Qualifikation und Lebenslauf zu schönen. So etwas kann die Nerven schon mal strapazieren oder schlicht langweilen. Heben Sie sich positiv von anderen Bewerbern ab und überzeugen Sie durch Authentizität und echtes Interesse, d. h. auch, dass Ihre Aussagen mit Ihren Angaben im Lebenslauf übereinstimmen müssen. Nur so können Sie Widersprüche vermeiden:

Beispiel

„Ihre Aussage ist mir jetzt nicht ganz klar. Hatten Sie im Lebenslauf nicht geschrieben, dass Sie ... Wie passt das zusammen?"

■ Verstellen Sie sich nicht. Das führt zu Brüchen und Unstimmigkeiten in der Wahrnehmung Ihres Gegenübers und Sie wirken verkrampft und nicht überzeugend. Außerdem, was wollen Sie machen, wenn Sie in der Firma arbeiten?

Sich täglich verstellen? Denken Sie daran, dass Sie sich an Ihrem Arbeitsplatz wohl fühlen wollen und müssen, wenn Sie langfristig gute Leistungen erbringen wollen.

■ Vermeiden Sie es, bewusst zu lügen. Was wollen Sie damit erreichen? Einen Arbeitsplatz, an dem Sie sich nicht Ihren Qualifikationen entsprechend entfalten können und nicht sehr glücklich werden? Darüber hinaus ist es gar nicht so einfach eine Lüge in einem 1- bis 2-stündigen Gespräch überzeugend aufrecht zu erhalten, ohne sich in Widersprüche zu verwickeln. Ein guter Interviewer wird diese schnell erkennen und nachfragen. Das kann für Sie sehr unangenehm enden. Noch schwieriger wird es, wenn Sie mehrere Gespräche in einem Unternehmen führen oder mit unterschiedlichen Partnern sprechen. Das heißt nun nicht, dass Sie weniger günstige Informationen freimütig bekannt geben sollen. Ziel ist ein gesundes Selbstbewusstsein, das es Ihnen ermöglicht, sich geschickt und durchaus clever in einem positiven Licht zu präsentieren.

Tipps für die Selbstpräsentation

■ Gehen Sie nicht auf jedes Detail in Ihrem Lebenslauf ein. Es geht um wesentliche und entscheidungsrelevante Informationen und Ergebnisse in Ihrem Lebenslauf.

■ Geben Sie Informationen gegliedert, prägnant und so weiter, dass Sie das Interesse Ihres Gegenübers wecken.

■ Sprechen Sie frei und überzeugend.

■ Drücken Sie sich nicht zu kompliziert oder wissenschaftlich aus. Gerade nach einer Universitätsausbildung neigen

Sie vielleicht dazu, viele Fremdwörter und ein wissenschaftliches Ausdrucksverhalten zu nutzen. Damit überzeugen Sie einen handfesten Praktiker nicht unbedingt. Es kann sogar zu Verständigungsschwierigkeiten führen.

- Sprechen Sie ruhig und in ausgewogenem Tempo. Machen Sie lieber ab und an eine kleine Pause, um das Gespräch zu strukturieren, als alles gehetzt runterzurattern.

- Ihr verbales und non-verbales Ausdrucksverhalten sollte Offenheit, Freundlichkeit und Verbindlichkeit ausdrücken.

- Sie kennen Ihren Lebenslauf am besten, versuchen Sie mögliche Fragen Ihres Gegenübers vorwegzunehmen und Unklarheiten von vornherein auszuschließen. Nutzen Sie ab und zu Formulierungen wie: „Man könnte sich jetzt durchaus fragen, warum ich ... (so gehandelt habe). Für mich war in der damaligen Situation ...".

- Auch bei kritischen Aspekten in Ihrem Lebenslauf, empfiehlt es sich, unangenehme Fragen durch vorweggenommene Erklärung auszuschließen:

Beispiel

„Ich bin mir durchaus bewusst, dass meine Studienzeit mit 14 Semestern über dem Durchschnitt liegt und dass das für meine Bewerbung bei Ihnen vielleicht auch ein kritischer Punkt sein kann. Aber nachdem ich bei der Firma Muster ein Praktikum gemacht habe, hat man mir angeboten mit einer festen Wochenstundenzahl weiter im Projekt mitzuarbeiten. Die Chance habe ich wahrgenommen. Ich habe in der Zeit sehr viel gelernt. Auch für mein Studium, viele der theoretischen Inhalte bekamen einen praktischen Bezugsrahmen. Was auf der anderen Seite wieder dazu führte, das ich die universitäre Ausbildung viel nutzbringender in die praktische Arbeit einfließen lassen konnte."

■ Haben Sie sich in Ihrem bisherigen Werdegang vielleicht einmal falsch entschieden, stehen Sie dazu. Begründen Sie die Entscheidung und warum Sie heute anders entscheiden würden. Kein Mensch trifft immer die richtigen Entscheidungen, wichtig ist, wie er damit umgeht und was er daraus lernt.

■ *Wenn Sie lange kein Vorstellungsgespräch mehr hatten oder es sogar Ihr erstes ist, empfiehlt es sich, die Situation zu Hause einmal mit Freunden durchzuspielen. Es ist ein gravierender Unterschied, ob Sie etwas nur denken oder tatsächlich formulieren. Vielleicht nutzen Sie sogar eine Videokamera. Dann können Sie Ihre Wirkung auf andere selbst einschätzen.* ■

Wie Sie auf vertiefende Fragen klug antworten

An einem bestimmten Punkt oder am Ende Ihrer Selbstdarstellung werden Ihre Gesprächspartner beginnen, Fragen an Sie zu stellen. Mit den Fragen sollen bestimmte von Ihnen angesprochene Aspekte vertieft und weiterführend geklärt oder andere für das Unternehmen wichtige Aspekte besprochen werden.

Der Ablauf dieser Phase richtet sich nach der vom Unternehmen bevorzugten Gesprächsstrategie. Von einer strukturierten Befragung bis zu einem offenen Gespräch ist in dieser Phase alles möglich.

Damit Sie einen Eindruck erhalten, was für Fragen eventuell an Sie gestellt werden, haben wir im Anhang einen sehr ausführlichen Fragenkatalog in den TaschenGuide aufgenommen.

Vorsicht bei Fragen nach der Freizeitgestaltung

Wenn Sie nach Ihren Hobbys gefragt werden, seien Sie ehrlich. Es wird sicher nicht von Ihnen erwartet, dass Sie nichts anderes als Arbeit kennen. Hobbys können ebenfalls Ausdruck von Engagement sein und sind ein wichtiger Ausgleich zur Berufstätigkeit. Aber seien Sie vorsichtig bei Hobbys mit einem hohen Unfallrisiko (kein Arbeitgeber möchte Ihren Krankenhausaufenthalt bezahlen). Zurückhaltung üben sollten Sie auch bei der Angabe, wieviel Zeit Sie mit Ihrem Hobby verbringen. Täglich zwei Stunden ab abends 19.00 Uhr heißt für Ihren Arbeitgeber, dass Ihre Flexibilität genauso eingeschränkt ist wie Ihre Bereitschaft, auch einmal länger zu bleiben.

Begründen Sie Ihre Antworten

Wichtig ist in dieser Phase für Sie, Ihre Gesprächspartner davon zu überzeugen, dass Sie die richtige Mitarbeiterin bzw. der richtige Mitarbeiter sind. Machen Sie es sich zu Eigen, präzise und gezielt auf Fragen zu antworten und Informationen offen weiterzugeben. Schweifen Sie bei Ihren Antworten nicht vom Kern der Sache ab. Achten Sie darauf, dass Sie nicht zu weit ausholen.

Alle Ihre Aussagen sollten Sie durch konkrete Beispiele oder Begründungen untermauern können.

Beispiel

„In welchen Situationen haben Sie diese Erfahrungen gesammelt?"

„Wodurch konnten Sie das lernen?"

„Bei welchen Aufgaben konnten Sie die von Ihnen beschriebene Fähigkeit kreativ einbringen? Was hatte das für Auswirkungen?"

„Wie kommen Sie zu der Einschätzung, über gute soziale Kompetenzen zu verfügen?"

„Was kennzeichnet Ihre verkäuferischen Kompetenzen?"

„Wenn wir Ihre heutigen Mitarbeiter fragen würden, wie würden sie Ihr Führungsverhalten beschreiben?"

„Können Sie ein Beispiel beschreiben, in dem Sie ...?"

Wenn Ihnen eine Frage nicht klar ist, fragen Sie nach, welche Information Ihr Gesprächspartner genau haben will. Das ist deutlich besser als aneinander vorbei zu reden oder sogar falsche Antworten zu geben.

Mit jeder Frage, die Ihnen gestellt wird, erhalten Sie auch Informationen über das Unternehmen. Achten Sie darauf,

■ welche Aspekte angesprochen werden,

■ welche Aspekte wie ausführlich erfragt und besprochen werden,

■ wie Ihre Gesprächspartner auf Ihre Antworten reagieren,

■ wann sie nachfragen oder weiterführende Erklärungen von Ihnen wünschen.

■ *Es ist sicherlich nicht einfach, sich auf die eigenen Antworten zu konzentrieren und gleichzeitig noch die oben aufgeführten Aspekte aufzunehmen. Sie bewältigen diese Anforderung nur, wenn Sie sehr gut zuhören und Ihre Gesprächspartner auch in ihrem non-verbalen Verhalten beobachten.* ■

Ihre Aufmerksamkeit ist gefragt – die Stelle wird genau beschrieben

In dieser Phase werden Ihre Gesprächspartner Sie detaillierter über Unternehmen und Position informieren. Gab es keine Kurzinformation zu Beginn des Gesprächs, erhalten Sie jetzt erstmals Informationen.

Jetzt sind in erster Linie Ihre Aufmerksamkeit und Ihre Kompetenz als guter Zuhörer gefragt. Notieren Sie zentrale Aussagen, damit Sie sich zu Hause noch einmal einen Überblick über die erhaltenen Informationen verschaffen können. Sie werden es nicht schaffen, alles im Kopf zu behalten. Stichpunkte reichen aus, damit Sie sich später an die konkreten Inhalte erinnern.

Mit den erhaltenen Informationen sollten Sie einen Abgleich zwischen Ihren im Vorfeld definierten Erwartungen, Zielen und Anforderungen an das Unternehmen und die neue Position machen.

- In welchen Bereichen stimmen die erhaltenen Informationen mit Ihren Vorstellungen überein?

- Wo ergaben sich Differenzen?

- Können Sie diese Differenzen im Gespräch klären?

Diese Gesprächsphase wird einen gleitenden Übergang oder sogar eine Vermischung mit der nächsten Phase haben. Das heißt, ergeben sich für Sie bei den Ausführungen der Unternehmensvertreter Fragen, stellen Sie diese gleich oder machen Sie Notizen, um sie nochmals aufzugreifen.

Schaffen Sie sich durch Ihre Fragen eine solide Informationsbasis

Während Ihrer Vorbereitung haben Sie sich Fragen zu Unternehmen und Position erarbeitet. Mit Ihren Fragen, die Sie in dieser Gesprächsphase einbringen, machen Sie deutlich, dass Sie sich im Vorfeld mit dem Unternehmen auseinander gesetzt und dass Sie die Informationen im bisherigen Gespräch sehr aufmerksam aufgenommen haben.

Weit wichtiger ist es, dass die Antworten Ihre persönliche Entscheidungsbasis bilden. Mit Ihren Fragen können Sie Ihr unternehmensbezogenes Erwartungsprofil überprüfen.

Beachten Sie auch das Antwortverhalten

Informationen über das Unternehmen erhalten Sie auch aus dem Antwortverhalten Ihrer Gesprächspartner. Wie offen und großzügig werden Ihre Fragen beantwortet? Gibt es Bereiche, bei denen Ihre Partner ausweichen oder nur sehr oberflächlich antworten? Wenn Sie solche Tendenzen entdecken, müssen Sie entscheiden, wie wichtig dieser Bereich für Sie persönlich ist und ob Sie versuchen, durch Nachfragen weitere Informationen zu erhalten.

■ *Auch wenn es Ihr erstes Anliegen ist, Ihre Gesprächspartner davon zu überzeugen, dass Sie die richtige Mitarbeiterin bzw. der richtige Mitarbeiter sind, dürfen Sie nicht vergessen, dass auch Sie eine Entscheidung treffen müssen. Passen Sie zu diesem Unternehmen? Wollen Sie in diesem Unternehmen tätig werden? Werden Sie sich an Ihrem zukünftigen Arbeitsplatz wohl fühlen? Werden Sie langfristig Ihre volle Leistungskraft einbringen können und wollen? Diese Entscheidung können Sie nur treffen, wenn Sie sich anhand Ihrer Vorbereitung, Gesprächsführung und Nachbereitung eine solide Informationsbasis schaffen. ■*

Welche Punkte sollten Sie zum Gesprächsabschluss noch klären?

In der letzten Phase des Gesprächs werden Aspekte wie Vertragsgestaltung, Einstellungstermin, Gehaltsfragen etc. besprochen.

In der Regel geht es in einem ersten Gespräch aber noch nicht um konkrete Absprachen, sondern vielmehr darum, die gegenseitigen Vorstellungen und Erwartungen kennen zu lernen. Gehen Sie davon aus, dass Sie im ersten Gespräch keine feste Aussage hinsichtlich einer Einstellungsentscheidung erhalten. Es gibt sicher noch weitere Bewerber, mit denen gesprochen wird. Häufig werden Ihre Gesprächspartner sich vor einer Entscheidung noch absprechen oder unternehmensintern abstimmen wollen. Eventuell folgen auch noch weitere Gespräche mit Ihnen, bevor eine Entscheidung getroffen wird. Aber selbst die Einladung zu einem Folgegespräch erfolgt nicht unbedingt sofort.

Die Frage nach den Gehaltsvorstellungen

Werden Sie nach Ihren vertraglichen und gehaltlichen Vorstellungen gefragt, stellen Sie diese offen zur Diskussion. Dabei sind falsche Bescheidenheit genauso unangemessen wie überzogene Forderungen. Hier geht es darum, dass Sie Ihren Marktwert realistisch einschätzen. Dank Ihrer Vorbereitung kennen Sie Ihre Qualifikationen und Ihren „Wert". Sie haben Klarheit darüber gewonnen, was Sie vom Unternehmen erwarten. Sie kennen die Punkte, in denen Sie kompromissbereit sind und die, in denen Sie Ihre Erwartungen erfüllt sehen wollen.

Klären Sie das weitere Vorgehen

Geklärt werden sollte in dieser Phase, wie das weitere Vorgehen ist und wann Sie mit weiteren Informationen bzw. einer Entscheidung rechnen können. Wenn Sie schon Gespräche in anderen Unternehmen geführt haben oder noch führen werden, sollten Sie andeuten, bis wann Sie eine Entscheidung benötigen. Ein Druckmittel sollten andere Angebote aber auf keinen Fall sein:

Beispiel

„Ich habe bereits eine Zusage und benötige deswegen Ihre Entscheidung spätestens morgen, sonst werde ich dem anderen Unternehmen zusagen."

Einem solchen Entscheidungsdruck wird sich jeder Personalverantwortliche nicht nur ungern aussetzen wollen sondern in der Regel auch nicht können. Durch Druck kann eine Entscheidung auch schnell gegen Sie fallen. Eigene Sicherheitsüberlegungen der Unternehmensvertreter spielen hier ebenfalls eine Rolle:

Beispiel

„Wenn sie/er noch andere Angebote hat, sagt sie/er vielleicht ab, auch wenn wir zusagen. Dann müssen wir wieder von vorne anfangen. Lieber entscheiden wir uns dann gleich für eine andere Person".

Wenn Sie selbst ein ehrliches und echtes Interesse an der Position haben, bringen Sie es an dieser Stelle klar zum Ausdruck.

Was Sie über verschiedene Gesprächs-strategien wissen sollten

Wir haben bereits darauf hingewiesen, dass Vorstellungs-gespräche sehr unterschiedlich verlaufen können. Sowohl die von Ihrem Gesprächspartner gewählte Strategie als auch seine Persönlichkeit entscheiden über Gesprächsstruktur und Verlauf. Durch folgende Vorgehensweisen kann Ihr Gespräch gekennzeichnet sein:

Standardisiertes Interview

Hier ist der Gesprächsverlauf durch einen im Vorfeld erar-beiteten Fragebogen fest definiert. Die Fragen werden mehr oder weniger abgelesen und in festgelegter Reihenfolge ge-stellt. Das Gespräch erlaubt somit wenig Flexibilität. Leicht kann für Sie in einem solchen Gespräch der Eindruck einer künstlichen Situation entstehen. Vielleicht fühlen Sie sich auch ausgefragt.

■ Ihr Vorteil: Das Gespräch wird weniger durch die aus-wählende Person beeinflusst. Sie werden nach allen für das Unternehmen wichtigen Informationen gefragt, es wird nichts Wesentliches vergessen.

Halbstandardisiertes Interview

Dieses Gespräch wird anhand von Checklisten und Leit-fragen geführt. Die Hauptthemenbereiche, die besprochen werden sollen, sind vordefiniert. Die Art der Fragestellung und die Reihenfolge der Fragen obliegen dem Interviewer. Das Ge-spräch ist damit strukturiert, aber auch flexibel im Verlauf.

- Ihr Vorteil: Es bleibt Freiraum, interessante Bereiche zu vertiefen und andere kürzer zu fassen. Sie können den Gesprächsverlauf durch Ihr aktives Verhalten und Ihre Fragen stärker beeinflussen als im standardisierten Interview.

Nicht standardisiertes Interview

Dieses Gespräch ähnelt am meisten einer normalen Unterhaltung. Es ist flexibel, aber auch sehr subjektiv. Hier hängt der Verlauf und wie stark das Gespräch strukturiert ist von der persönlichen Vorgehensweise des Interviewers ab, aber auch von seiner Erfahrung und Kompetenz.

- Ihr Vorteil: Sie können durch Ihr Verhalten am stärksten eigene Akzente setzen.

Stressgespräch

Mit Stressgesprächen soll Ihre Belastbarkeit, aber auch Widerstandskraft auf die Probe gestellt werden. Ein solches Vorgehen kann für Positionen, in denen damit zu rechnen ist, dass Sie erhöhten Anforderungen ausgesetzt sind, sinnvoll sein. Druck wird in diesen Gesprächen durch Provokationen, wiederholtes Unterbrechen, lange Pausen, Ironie etc. ausgelöst. Hier heißt es, Ruhe zu bewahren, an die Strategie der Gesprächspartner zu denken und Angriffe nicht persönlich zu nehmen. Stellen Sie sich z. B. vor, Sie sprechen mit einem Kunden, der sich heftig beschwert. In solchen Gesprächen müssen Sie auch einiges wegstecken können, ohne die Fassung zu verlieren.

- Ihr Vorteil: Eine gute Übung, um Ihre Belastbarkeit unter Beweis zu stellen. Wenn Sie sie gut meistern, hinterlassen Sie sicher einen bleibenden Eindruck.

Situative Interviews

Im situativen Interview werden „reale Situationen" als Rollenspiel simuliert. Damit will Ihr Gegenüber erkennen, wie Sie sich tatsächlich in einer bestimmten Situation verhalten, anstatt nur mit Ihnen über Ihr Verhalten zu sprechen. Geht es z. B. im Vorstellungsgespräch darum, wie Sie Ihre Verkaufsgespräche gestalten, kann ein situatives Interview folgenden Verlauf nehmen:

Beispiel

„Stellen Sie sich doch einmal vor, Sie sitzen bei der Firma Muster im Verkaufsgespräch mit Herrn Mustermann. Sie wollen ihn davon überzeugen, dass er mit unserer Produktreihe „Test" seinen Kunden einen viel größeren Nutzen als bisher bieten kann.
Ich vertrete jetzt einmal Herrn Mustermann und Sie führen das Gespräch mit mir. Die neue Produktreihe habe ich Ihnen ja gerade vorgestellt."

Es wird deutlich, dass hier eine hohe situative Flexibilität von Ihnen verlangt wird. Über das Rollenspiel kann Ihr Interviewpartner erkennen, ob Sie Ihre verbal bekundeten Kompetenzen auch in aktives Verhalten umsetzen können.

- Ihr Vorteil: In den simulierten Gesprächssituationen können Sie Ihre Kompetenzen beweisen. Ihr Gegenüber erfährt sehr direkt und realistisch, was Sie können.

Wie Sie Gespräche führen – und überzeugen

Ein Schwerpunkt Ihrer eigenen Gesprächsführungsstrategie ist der „Verkauf" Ihrer Kompetenzen. Sie müssen Vorteile und Nutzen Ihrer Kompetenzen für das Unternehmen ins rechte Licht rücken und Ihrem Gesprächspartner glaubhaft machen, dass Sie mit Ihren Fähigkeiten genau der oder die Richtige für die ausgeschriebene Stelle sind.

Nehmen Sie aktiv Kontakt auf

Ihr Verhalten ist durch aufrichtiges Interesse an der ausgeschriebenen Position gekennzeichnet. Dieses können Sie leichter vermitteln, wenn es Ihnen gelingt, das Kontaktangebot Ihres Gesprächspartners offen aufzugreifen und darauf einzugehen.

Wie Sie positiven Kontakt aufbauen und aufrechterhalten

- Begrüßen und verabschieden Sie Ihren Gesprächspartner mit einem freundlichen, aber festen Händedruck.

- Der schönste Klang für einen Menschen ist der Klang des eigenen Namens. Sprechen Sie Ihre Partner zu Beginn und auch zwischendurch immer wieder einmal mit Namen (und eventuell Titel) an.

- Halten Sie Blickkontakt – einen offenen und ehrlichen Blickkontakt. Sehen Sie Ihren Gesprächspartner an, wenn er mit Ihnen spricht. Meiden Sie den Blickkontakt, führt das schnell zu der Vermutung, dass Sie etwas zu verbergen haben. Vermitteln Sie über Ihren Blickkontakt, dass Sie ein fairer und sicherer Gesprächspartner sind.

- Mit Ihrem Blickkontakt verleihen Sie Ihren Aussagen nicht nur mehr Überzeugungskraft, auch Sympathie wird durch längere freundliche Blicke signalisiert; so kann sich eine gewisse Vertrautheit aufbauen.

- Schauen Sie nicht an die Decke, auf den Boden oder aus dem Fenster, es sei denn, Sie denken nach.

- Lächeln Sie. Sie erleichtern damit nicht nur die Kontaktaufnahme. Wenn Sie lächeln, werden Sie sich selber auch entspannen. Sie werden ruhiger und können dem Gespräch konzentrierter folgen.

Test
Machen Sie einmal einen kleinen Test: Wie ist Ihre momentane Stimmung? Vielleicht sind Sie gerade konzentriert, nachdenklich und ernst? Jetzt lächeln Sie mal ganz bewusst. Zaubern Sie ein Lächeln in Ihr Gesicht. Wenn Sie in sich hineinschauen, werden Sie feststellen, dass sich Ihr Befinden mit Ihrem Lächeln ändert. Sie „lächeln" jetzt auch innerlich.

Eine vergleichbare Wirkung erzielen Sie mit einem bewussten Lächeln auch, wenn Sie sich ärgern oder angespannt sind.

Seien Sie ein aufmerksamer Zuhörer

Wenn Sie den Bedarf, die Erwartungen und Anforderungen Ihres Gegenübers für die zu besetzende Position kennenlernen wollen, müssen Sie aufmerksam zuhören. Welche Informationen werden weitergegeben, welcher Bedarf wird formuliert, was wird besonders betont, in den Vordergrund gestellt? Sollten Sie Informationen erhalten, die Sie nicht einordnen können, Aussagen hören, die Ihnen nicht klar sind, fragen Sie nach. Ihr Vorstellungsgespräch ist ein **Dialog**, in dem es für beide Seiten darum geht, partnerschaftlich zu prüfen, inwieweit sich die gegenseitigen Interessen decken und eine solide Basis für eine zukünftige Zusammenarbeit bieten.

■ Hören Sie aufmerksam zu, wenn Ihr Gegenüber spricht. Sehen Sie ihn dabei an, auch non-verbale Äußerungen enthalten wichtige Informationen für Sie.

■ Zeigen Sie Interesse. Signalisieren Sie mit kleinen verbalen (*ja, mh, aha* etc.) oder non-verbalen (Nicken) Äußerungen, dass Sie zuhören und dem Gespräch folgen.

■ Konzentrieren Sie sich auf die inhaltlichen Aussagen.

■ Seien Sie sensibel dafür, ob die inhaltlichen verbalen Aussagen mit dem non-verbalen Verhalten übereinstimmen. Auch im Unternehmen gibt es kritische Aspekte, über die nicht gerne mit Bewerbern gesprochen wird. Wenn wir versuchen, etwas zu verbergen oder sogar bewusst Falschaussagen treffen, kommunizieren wir die fehlende innere Übereinstimmung zwischen Aussage und Wissen in unserem non-verbalen Verhalten. Unsere Gestik wird z. B. unruhiger, unsere Mimik vielleicht angespannter und unser Blickkontakt geringer.

■ Machen Sie sich Notizen zu den wesentlichen Aussagen.

■ Hören Sie erst zu, seien Sie vorsichtig mit eigenen Interpretationen der aufgenommenen Inhalte. Ihre bisherigen Erfahrungen sind zwar wertvoll, können Sie aber auch schnell ablenken oder in die Irre führen.

■ Unterbrechen Sie nicht. Sie können Ihre Meinung noch früh genug äußern, nämlich dann, wenn der andere ausgeredet hat.

■ Überlegen Sie nicht schon, wenn der andere noch spricht, was wohl die richtige Antwort ist. Sie sind dann nicht mehr aufmerksam und wichtige Informationen gehen Ihnen verloren.

■ Greifen Sie Aussagen noch einmal auf, damit machen Sie deutlich, dass Sie das Gesagte aufmerksam aufgenommen haben:

Beispiel
„Sie haben gerade erwähnt ...“
„Wenn ich Sie richtig verstanden habe, ...“
„Den von Ihnen angesprochenen Aspekt der ...“

■ Wenn Sie den Bedarf Ihres Gegenübers erkennen, können Sie in Ihren Ausführungen darauf eingehen.

■ Stellen Sie Gemeinsamkeiten heraus, greifen Sie sie in Ihren eigenen Ausführungen noch einmal auf.

■ Versuchen Sie bei unterschiedlichen Interessen einen Ausgleich herzustellen.

– Wo liegen die Unterscheide?

– Sind sie gravierend?

– Wo können Sie Ihrem Partner entgegenkommen, eigene Interessen zurückstellen, also einen Kompromiss eingehen?

– Welche Aspekte sind Ihnen so wichtig, dass Sie ein Entgegenkommen vom Partner wünschen?

Trainieren Sie Ihre Ausdrucksfähigkeit

Eine gute verbale Ausdrucksfähigkeit überzeugt. Wer es versteht, seine Ausführungen durch eine adäquate Rhetorik (Wortwahl, Stimmmodulation, Lautstärke) zu unterstützen, erreicht eine höhere Wirkung mit seinen Aussagen. Wir erwarten nun natürlich nicht, dass Sie alle gute Rhetoriker sind oder werden, aber wir möchten Sie auf ein paar Aspekte aufmerksam machen. Dabei geht es in erster Linie um eine kritische Selbstwahrnehmung. Beobachten Sie Ihr eigenes Sprachverhalten einmal hinsichtlich der genannten Aspekte.

Stimmmodulation

Stimmmodulation heißt, die Stimme zur Unterstreichung Ihrer Aussagen zu nutzen. Wir erreichen das, indem wir einmal lauter oder leiser, höher oder tiefer sprechen. Unter Anspannung, wie Sie sie vielleicht in Ihrem Vorstellungsgespräch spüren, gelingt uns eine angemessene Stimmmodulation nicht mehr so gut. Wir werden zu laut, zu leise oder sprechen zu hoch.

Bewerben Sie sich um eine Position mit Repräsentationsaufgaben, wird die Wirksamkeit Ihrer Stimme mit zum Auswahlkriterium. Wenn Sie im Vorstellungsgespräch immer zu leise sprechen, wird sich Ihr Gegenüber vielleicht fragen, ob Sie dies auch im Kundengespräch tun. Diese Überlegung kann zu einer Entscheidung gegen Sie führen. Gleiches gilt aber auch, wenn Sie Ihre Stimme kaum modulieren, also sehr eintönig sprechen. Wenn Sie Ihre Vorstellungsgespräche trainieren, sollten Sie auch auf diese Aspekte achten. Lassen Sie sich Rückmeldung geben, schauen Sie, wie Ihre Stimmmodulation im Video auf Sie selber wirkt.

Sprechtempo

Neben der Stimmmodulation wirkt auch unser Srechtempo auf unsere Überzeugungskraft. Sehr schnelles Sprechen wirkt leicht hektisch. Der Atemrhythmus passt bald nicht mehr zum Sprechrhythmus, wir kommen außer Atem und verlieren mehr und mehr an Überzeugungskraft. Selbst wenn Sie nicht aufgrund Ihrer inneren Anspannung schnell sprechen – vielleicht sprechen Sie immer sehr schnell – stellen Sie hohe Anforderungen an Ihr Gegenüber. Jemandem aufmerksam zuzuhören, der sehr schnell spricht, ist anstrengend. Viele Informationen gehen verloren, weil wir sie nicht so schnell verarbeiten können.

> ■ *Machen Sie ab und zu eine kleine Pause. Atmen Sie tief durch. Sie werden sich entspannen und an Überzeugungskraft gewinnen. Ihrem Gegenüber geben Sie einen Moment Zeit, das Gehörte zu verarbeiten.* ■

Wie immer liegt die Kunst in der gesunden Mitte. Übermäßig langsames Sprechen stellt ebenso eine Herausforderung an die Aufmerksamkeit Ihres Gegenübers. Sie laufen Gefahr, dass er ungeduldig und im nächsten Schritt ärgerlich wird. Ihrem Gesprächspartner wird es schneller passieren, dass er mit den eigenen Gedanken abweicht und nicht mehr aufmerksam zuhört.

Sprechlautstärke

Mit unserer Lautstärke können wir beim Sprechen Akzente setzen, indem wir bestimmte Aspekte mit lautem und leisem Sprechen unterstreichen.

Beobachten Sie einmal Ihre Lautstärke. Gelingt es Ihnen, sie an die Bedeutung des Gesagten anzupassen? Oder neigen Sie dazu, immer sehr laut oder sehr leise zu sprechen? Auch damit stellen Sie wiederum besondere Anforderungen an

Ihren Gesprächspartner. Vielleicht muss er häufiger nachfragen, weil er gar nicht versteht, was Sie sagen. Oder er weicht vor Ihrer lauten Stimme immer weiter zurück, versucht den räumlichen Abstand zu Ihnen z. B. durch Zurücklehnen im Stuhl zu vergrößern. Wir müssen nicht betonen, welche Auswirkung das auf Ihre Überzeugungskraft hat.

> ■ *Wenn Sie etwas an Ihrer Stimmmodulation ändern wollen, nutzen Sie alle alltäglichen privaten und beruflichen Situationen hierfür. Ohne Übung werden Sie keine Veränderung erreichen. Sie können sich nicht vornehmen, im Vorstellungsgespräch tiefer oder lauter zu sprechen, wenn Sie es vorher nicht üben.* ■

Einen großen Vorteil haben Sie, wenn es Ihnen gelingt, Ihr eigenes Sprachverhalten dem Ihres Gegenübers anzupassen. Spricht er selber laut oder leise, schnell oder langsam? Wenn Sie gegenläufig kommunizieren – er schnell, Sie langsam, er leise, Sie laut oder umgekehrt – werden Sie schon auf der non-verbalen Ebene Verständnisschwierigkeiten bekommen.

Nutzen Sie die ersten Momente des Kontakts, um zu hören, wie Ihr Gesprächspartner spricht. Versuchen Sie, sich ihm in Ihrem eigenen Sprachverhalten anzunähern. Das fördert das Verständnis, die Sympathie und Ihre Überzeugungskraft. Wenn Sie diese rhetorische Kompetenz für sich nutzen wollen, üben Sie vorher, in alltäglichen Situationen zu erkennen, wie Ihr Gegenüber kommuniziert, und sich dann im eigenen Sprachverhalten darauf einzustellen.

Sprachliche Angewohnheiten

Wahrscheinlich kennen Sie auch Menschen, die es sich angewöhnt haben, in fast jeden Satz bestimmte Worte oder Äußerungen einzubauen. Das sind Äußerungen wie: *OK, gut, denke ich, ich hab da mal eine Frage, vielleicht, äh, ein bisschen, irgendwie*, etc. Diese Äußerungen schleichen sich unbewusst in unsere Sätze. Wir merken es erst, wenn uns jemand darauf aufmerksam macht. Unsere Ausdruckskraft wird durch solche Angewohnheiten aber nicht besser.

> ■ *Fragen Sie Freunde und Bekannte, ob Sie auch solche „Lieblingswörter" benutzen. Wenn ja, gewöhnen Sie sich diese ganz schnell ab. Eine erhöhte Aufmerksamkeit für diese Äußerungen reicht, um das eigene Sprachverhalten zu ändern.* ■

Wie Sie das Gespräch steuern und beeinflussen

Wann und wie dürfen Sie steuern?

Die Eröffnung des Gesprächs dürfen Sie Ihren Gesprächspartnern überlassen. Niemand erwartet von Ihnen, dass Sie die Initiative übernehmen oder sogar das Gespräch steuern.

Während des Gesprächs bleibt die Gesprächsführung bei Ihren Partnern. Sie bringen sich aktiv ein, können bestimmte Themen aufgreifen oder forcieren, also mitgestalten. Nehmen Sie Ihrem Gegenüber aber nicht die Steuerung aus der Hand.

Ihr Gesprächsverhalten ist durch freundliche Sachlichkeit gekennzeichnet. Agieren und argumentieren Sie nicht emotional oder aggressiv. Selbst wenn Sie z. B. mit Ihrem aktuellen Arbeitgeber Konflikte haben, sollten Sie sich jede emotionale Äußerung verbieten.

■ *Jemanden zu beschimpfen oder beleidigt oder gekränkt zu sein sind keine adäquaten Äußerungen für Ihr Vorstellungsgespräch.* ■

Zeigen Sie sich engagiert und interessiert. Sie haben einen Wert und den wollen Sie verkaufen. Zeigen Sie Ihr Selbstbewusstsein und Ihre Durchsetzungsfähigkeit, ohne dominant zu erscheinen. Unterwürfiges und nur anpassungsorientiertes Verhalten hat eine geringe Überzeugungskraft. Das Maß Ihres gezeigten Selbstbewusstseins ist abhängig von der Position, um die Sie sich bewerben. In Führungs- und Verkaufspositionen müssen Sie z. B. einen gewissen „Biss" mitbringen.

Das richtige Maß für die eigene Aktivität finden

Aktivität im Vorstellungsgespräch ja – aber wieviel? Die beiden Extreme, „den Partner kaum zu Wort kommen lassen" und sich jeden Beitrag „aus der Nase ziehen lassen", sind sicher nicht das richtige Maß. Sie kennen sich selbst am besten und wissen, ob Sie sich gerne viel einbringen oder sich eher zurückhalten. Fragen Sie Ihre Freunde, wie sie Sie auf dieser Dimension einschätzen. Für Ihre beiden zentralen Ziele im Vorstellungsgespräch müssen Sie das richtige Maß finden. Sie wollen sich selber optimal als potentieller Mitarbeiter präsentieren – also müssen Sie dem anderen etwas mitteilen, ohne dass sich dieser jede Information mühsam erfragen muss. Auf der anderen Seite wollen Sie das Unternehmen und Ihre Ansprechpartner kennen lernen – dafür müssen Sie schweigen und zuhören können.

Achten Sie auf die Rückmeldungen Ihres Gesprächspartners

Anhaltspunkte für das richtige Maß erhalten Sie aus den verbalen und non-verbalen Rückmeldungen Ihres Gegenübers. Die non-verbalen Signale verraten Ihnen, ob Ihr Partner genug gehört hat oder noch mehr Informationen von Ihnen haben möchte.

Wenn Sie länger am Stück sprechen, und Ihr Gegenüber

- macht häufiger Ansätze etwas zu sagen,

- räuspert sich, atmet vernehmlich oder stöhnt gar,

- bewegt die Füße auffallend häufig,

- verändert häufig seine Sitzposition oder sogar seinen Stuhl,

- hebt immer mal wieder die Hand ein wenig,

- zeigt in seinem Minenspiel Unmut,

- sucht verstärkt den Blickkontakt zu Kollegen,

- fängt an, im Raum umherzuschauen oder

- blättert in seinen Unterlagen,

sollten Sie Ihren Beitrag abschließen. Dem Anderen wird es jetzt langsam zu viel.

Ähnliche Signale werden Sie bemerken, wenn Ihr Gesprächspartner Sie nicht mehr um jede Information bitten will. Werden Sie etwas freizügiger mit Ihren Informationen. Zu Beginn des Gespräch wird man für Ihre vermehrte Zurückhaltung noch Verständnis aufbringen. Irgendwann müssen Sie Ihre Hemmung aber überwinden, wenn Sie etwas erreichen wollen.

> ■ *Viel reden hat noch eine weitere Gefahr: Wer viel redet, redet sich auch schnell um Kopf und Kragen.* ■

Fragen Sie

Für Ihre persönliche Entscheidung benötigen Sie Informationen von Ihrem potentiellen Arbeitgeber. Gezielte Informationen erhalten Sie nur, wenn Sie fragen. Geschickt eingebrachte Fragen sind darüber hinaus Ihre Chance, den Gesprächsverlauf zu beeinflussen. Hier dürfen Sie die Aussage „wer fragt, führt" im Hinterkopf behalten. Fragen Sie viel. Über Fragen erhalten Sie wichtige Anhaltspunkte für die Gestaltung Ihrer eigenen Aussagen.

Aber auch das richtige Fragen will gelernt sein. Es kommt darauf an, die Fragen so stellen, dass Sie den positiven Nutzen, also einen möglichst hohen Informationsgewinn, voll ausschöpfen können.

Offene Fragen

Offene Fragen fordern Ihr Gegenüber auf, Ihnen umfassende Informationen zu geben, damit Sie einen tatsächlichen Informationsgewinn haben. Sie bieten Ihnen die Möglichkeit Standpunkte, Meinungen, Werthaltungen und Erwartungen Ihres Gegenübers bzw. des Unternehmens kennen zu lernen.

Offene Fragen sind die sogenannten „W-Fragen":

Was?	Was sind Ihre Erwartungen ...?
Worauf?	Worauf legen Sie bei ... besonderen Wert?
Wo?	Wo sehen Sie die ...?
	In welchen Bereichen sehen Sie ....?
Wer?	Wer wird das Projekt leiten?
Wann?	Wann wollen Sie mit ... beginnen?
	In welchen Zeiträumen ...?
Wem?	Mit wem werde ich ...?
Wie?	Wie ist es dazugekommen ...?
Welche?	Welche Erfahrungen haben Sie ...?

Beachten Sie, dass offene Fragen leicht penetrant wirken, wenn sie aneinandergereiht werden. Ihr Ziel ist es aber, Informationen zu gewinnen und Ihrem Gegenüber Ihr Interesse an Unternehmen und Position zu zeigen und nicht, ihn auszuhorchen. Um dieses Ziel zu erreichen, ist es manchmal hilfreich, offene Fragen in kleine Einleitungen oder Hinleitungen einzukleiden.

Beispiel: Offene Fragen einleiten
„Herr Meier, Sie haben vorhin angesprochen, dass Ihr Unternehmen sehr viel Wert auf eine kontinuierliche Weiterqualifikation der Mitarbeiter legt. Mit welchen Maßnahmen unterstützen Sie Ihre Mitarbeiter dabei?"

Offene Fragen haben verschiedene Vorteile:

- Sie bieten Ihnen die Möglichkeit, auf den Gesprächsverlauf Einfluss zu nehmen.

- Sie fördern den Kontakt zwischen zwei Gesprächspartnern.

- Sie können Gegenargumente und abweichende Standpunkte schneller erkennen und darauf reagieren.

- Sie können Ihren Gesprächspartner leichter einschätzen.

- Sie haben mehr Zeit nachzudenken, bevor Sie reagieren.

Geschlossene Fragen

Nimmt man eine geschlossene Frage ernst, so ist sie eine Aufforderung, nur mit JA oder NEIN zu antworten. Der Informationsgewinn ist entsprechend begrenzt. Über Hintergründe, Entscheidungsgrundlagen etc. können Sie nur spekulieren. Geschlossene Fragen bieten sich an, wenn Sie wirklich nur eine kurze, konkrete Antwort erwarten oder einen besprochenen Punkt abschließend klären wollen, über den Sie sich im Vorfeld durch offene Fragen schon breite Informationen erarbeitet haben.

Beispiel

„Ich habe in der Zeitung gelesen ...., ist die Niederlassung in London schon eröffnet?"
„Ja."
„Sie haben mich sehr umfangreich über die Projektvergabe in Ihrem Haus informiert. Ist das von Ihnen beschriebene Vorgehen Standard in allen Abteilungen?"
„Ja."

Wenn Sie geschlossene Fragen nutzen, gehören diese an das Ende Ihrer Informationserhebung. Anderenfalls haben Sie zwar eine Antwort auf Ihre Frage erhalten, aber Ihr Informationsbedürfnis ist nicht befriedigt. Ein redefreudiger Gesprächspartner wird Ihnen vielleicht auch auf Ihre geschlossene Frage breite Informationen geben. Mit einer geschlossenen Frage bringen Sie sich selber aber leicht um viele wertvolle Informationen.

Alternativfragen

Diese „entweder/oder- Fragen" können Sie nutzen, wenn es um einen Interessenabgleich geht, Sie Ihren Partner z. B.

bei einem Vorschlag die letzte Entscheidung überlassen wollen. Alternativfragen eignen sich auch, wenn es um die Abstimmung des weiteren Vorgehens geht.

Beispiel

„Ist es Ihnen lieber, wenn ich Sie morgen früh oder morgen nachmittag anrufe, um mit Ihnen über das Testergebnis zu sprechen?"

„Ich kann Ihnen die restlichen Unterlagen per Post oder per E-Mail zukommen lassen. Was ist Ihnen lieber?"

Suggestivfragen

Mit Suggestivfragen wird die Antwort schon fast mit der Frage mitgegeben bzw. dem anderen „in den Mund gelegt". Dabei handelt es sich meistens um die vom Sprecher selbst gewünschte Antwort. Eine solche Frage verrät wahrscheinlich mehr über Sie, als dass Sie Ihnen neue Informationen bietet. Besser wäre hier eine offene Frage:

Beispiel: Suggestiv- oder offene Frage?

Suggestiv: „Sie halten es doch sicher auch für wichtig, dass ein Unternehmen seinen Mitarbeitern die Möglichkeit zur Weiterbildung gibt?"
Offen: „Wie unterstützt Ihr Unternehmen die Weiterbildung seiner Mitarbeiter?"

Werden Ihnen gegenüber Suggestivfragen geäußert, kann es gut sein, dass die in die Frage eingebaute Antwort die vom Interviewer gewünschte Antwort ist. Das würde Ihnen die Erwiderung erleichtern. Bevor Sie antworten, sollten Sie aber prüfen, ob die Äußerung in den Kontext des bisher Besprochenen passt.

■ *Auf Suggestiv-Fragen sollten Sie im Gespräch verzichten.* ■

Fragen, die Interviewer nutzen

Von Ihrem Interviewpartner werden Sie eventuell noch andere Fragetypen hören:

Sondierungsfragen

Sondierungsfragen werden z. B. gestellt, wenn Ihrem Gegenüber die erhaltenen Informationen nicht ausreichen und er mehr wissen möchte.

Beispiel
„Schildern Sie uns das doch bitte noch etwas genauer."
„Können Sie mir erklären, was Sie mit ... genau meinen?"

Filterfragen

Filterfragen dienen der Klärung, z. B. wenn Zweifel an Ihrer Aussage bestehen oder Ihre Antwort nicht ausreichend klar war.

Beispiel
„Wie heißt der Artikel, aus dem Sie die beschriebenen Informationen haben?"

Kontrollfragen

Kontrollfragen dienen der nochmaligen Überprüfung einer Aussage.

Beispiel
„In welchem Zusammenhang steht Ihr Vorgehen mit Ihrem Wunsch sich weiter zu qualifizieren?"

Projektivfragen

Mit Projektivfragen werden Sie aufgefordert, über andere Personen zu sprechen, z. B. über Kollegen, Vorgesetzte oder

Mitarbeiter. Projektivfragen haben für den Interviewer den Vorteil, dass Sie, auch wenn Sie über Dritte reden, immer viele Informationen zu Ihrem eigenen Verhalten, Ihrer Meinung oder Werthaltung preisgeben. Studien haben gezeigt, dass unser eigenes Verhalten sehr häufig dem entspricht, wie wir es für andere Personen beschreiben. Wir projizieren also unsere eigenen Meinungen in andere Personen. Ein weiterer Vorteil dieser Fragen für den Interviewer ist, dass es den meisten Menschen leichter fällt, über andere als über sich selbst zu reden. Sie werden redseliger und vielleicht weniger vorsichtig.

Wie Sie richtig fragen

Wenn Sie fragen, sollten Sie sehr aufmerksam auf die Reaktion Ihres Gegenübers achten. Manche Personen fühlen sich sehr wohl, wenn sie viel erzählen können. Gehört Ihr Gesprächspartner zu diesem Typ, wird er Ihnen gerne und bereitwillig Auskunft geben. Hier kann im extremen Fall die Gefahr bestehen, dass Sie selbst zu wenig Raum finden, Ihre Anliegen einzubringen. Ihr Gegenüber hat zwar viel erzählt, weiß aber nichts von Ihnen.

Anders wird die Situation bei einem geübten Interviewer aussehen. Er wird selbst viel Wert darauf legen, durch Fragen möglichst viele Informationen von Ihnen zu erhalten.

Wie viele Informationen Sie durch Ihre Frage erhalten, ist auch davon abhängig, wie Sie Ihre Frage formulieren.

■ **Formulieren Sie kurze, klare Fragen**
Kurze, klare Fragen führen zu den umfassensten Antworten. Es zeigt sich häufig, dass je länger eine Frage ist, die

Antwort um so kürzer wird. Bei langen Fragen besteht die Gefahr, dass Ihr Gegenüber nicht alle Informationen der Frage aufnimmt und in seiner Antwort nicht auf alle Aspekte eingeht.

- **Nur eine Frage auf einmal**
Bilden Sie keine Ketten-Fragen. Verpacken Sie mehrere Fragen in einer, wird Ihr Gegenüber in seiner Antwort kaum auf alle Aspekte eingehen. Sie wären gezwungen, einen Teil Ihrer Frage zu wiederholen.

- **Formulieren Sie Ihre Frage einfach und verständlich**
Mit komplizierten Satzbauten und Fremdwörtern laufen Sie Gefahr, dass Ihr Gesprächspartner Sie falsch versteht, und Sie nicht die gewünschte Antwort erhalten.

Trainieren Sie Ihre Fähigkeiten

Die Möglichkeiten, sich zur richtigen Strategie und zum „richtigen" Verhalten in Vorstellungsgesprächen zu informieren, sind vielfältig. Sich informieren und sich Gedanken machen, „wie Sie die Situation des Gesprächs" gestalten, ist eine wesentliche Komponente Ihrer Vorbereitung. Nehmen Sie die Ihnen wertvoll erscheinenden Tipps auf. Bedenken Sie aber, dass Sie nicht alles übernehmen sollten, nicht jedes Verhalten passt zu jedem Typ. Authentizität steht im Bewerbungsgespräch im Vordergrund. Nur wenn Sie authentisch sind, sind Sie glaubwürdig und überzeugend. Es geht also auch darum, Ihren eigenen Stil zu finden. Dies auch vor dem Hintergrund, dass andere Bewerber gleiche oder ähnliche Informationsquellen genutzt haben und auch Personalentscheider mit den Tipps für Bewerber vertraut sind. Gewinnen werden Sie in erster Linie, wenn Sie Ihren eigenen überzeugenden Stil finden. Dies werden Sie am besten erreichen, wenn Sie die zu führenden Gespräche ausprobieren. Denn sich ein Gespräch gedanklich vorzustellen ist das eine, ein Gespräch tatsächlich zu führen etwas anderes.

Wenn wir über etwas nachdenken, vielleicht sogar in Gedanken ein Gespräch führen, hört und fühlt sich dies ganz anders an, als wenn wir Dinge aussprechen. In unserer Vorstellung müssen wir z. B. nicht spontan reagieren, alles ist von uns vorgedacht. Sicherheit in der Gesprächsführung erhalten Sie nur, wenn Sie die Situation ausprobieren und trainieren. Dies können Sie mit unterschiedlicher Intensität tun.

Gedanken laut aussprechen

Sprechen Sie sich das, was Sie sagen wollen, selbst laut vor. Sie werden schnell den Unterschied zwischen gedachten und ausgesprochenen Inhalten feststellen. Wenn Sie Ihre Gedanken laut aussprechen, können Sie erkennen, wo Sie in Ihren Darstellungen noch nicht flüssig sind, ins Stocken geraten oder Inhalte noch nicht ganz durchdacht haben. Dies wird Ihnen in einem inneren, gedachten Dialog nicht auffallen. Versuchen Sie es einmal.

Gespräche führen

Simulieren Sie ein Vorstellungsgespräch mit einer vertrauten Partnerin oder einem Partner. Überlegen Sie sich im Vorfeld Fragen, die Ihr Partner Ihnen stellen wird. Hierfür können Sie Fragen aus dem Interviewleitfaden im Anhang nutzen. Konzentrieren Sie sich auf Fragen zu Ihrer Selbstdarstellung, zu Stärken und Schwächen und Themenbereichen, die für die ausgeschriebene Position besonders relevant sind (Führungskompetenzen, Verkaufskompetenzen etc.). Üben Sie Ihre Selbstpräsentation, indem Sie 10 Minuten über Ihren bisherigen Werdegang reden. Im Anschluss an das Gespräch können Sie mit Ihrer Partnerin/Ihrem Partner besprechen, was ihr oder ihm aufgefallen ist, in welchen Bereichen Sie überzeugend agiert haben und in welchen weniger. Bestimmte Gesprächssequenzen können Sie dann noch einmal gezielt wiederholen, um Sicherheit in Ihrem Gesprächsverhalten zu gewinnen.

Videokontrolle

Den höchsten Lerngewinn werden Sie erreichen, wenn Sie das mit einem Partner geführte Gespräch auf Video aufzeichnen. Nachher können Sie sich dann gemeinsam die Aufzeichnung ansehen und auswerten. Wenn Sie sich selber sehen, werden Sie die Rückmeldungen Ihres Gesprächspartners besser einordnen können und Ihr Verhalten gezielter verbessern können.

Runden Sie Ihre positive Präsentation ab

Vielleicht kennen Sie den Ausspruch: „Kleine Ursache, große Wirkung"? Neben allen bereits erwähnten Aspekten der Vorbereitung und Gesprächsführung wollen wir Sie auf einige weitere Aspekte aufmerksam machen, bzw. besonders wichtige Tipps noch einmal herausstellen, damit Sie eine optimale Wirkung erzielen können.

■ Sie sind zu allen Personen im Unternehmen in gleicher Weise freundlich und wertschätzend. Auch zur Telefonistin, Empfangsdame, zum Pförtner und zur Sekretärin. Sie glauben gar nicht, wie häufig die Sekretärin zu ihrem Eindruck befragt wird und welches Gewicht dieser Aussage beigemessen wird.

■ Sie fallen dem Pförtner bei Ihrer Ankunft auf dem Betriebsgelände weder durch Ihren flotten Fahrstil, Ihre laute Musik noch dadurch auf, dass Sie sich im Auto noch schnell neu schminken. Kalkulieren Sie ein, dass alles, was Sie im Unternehmen tun, gesehen, gehört und kommuniziert wird. (Nicht nur der Pförtner sieht Sie!)

■ Persönliche, private Aspekte gehören nur bedingt in ein Vorstellungsgespräch. Für das Unternehmen kann Ihre familiäre Situation in einigen Aspekten durchaus wichtig sein, z. B. wie Ihre Familie zu einem notwendigen Umzug steht. Werden Sie nicht explizit danach gefragt, behalten Sie private Dinge für sich. Auch wenn die Situation sehr entspannt und angenehm ist, erzählen Sie keine privaten Geschichten und Anekdoten. Auf keinen Fall fragen Sie Ihr Gegenüber nach privaten Dingen.

■ Auch wenn Sie bei Ihrem jetzigen oder letzten Arbeitgeber sehr unzufrieden sind – äußern Sie sich nicht negativ über Personen und Unternehmen. Schlechte Nachrede ist ein schlechter Stil. Überlegen Sie sich vorher die Begründung für Ihren Unternehmenswechsel. Aber lästern Sie nicht über Ihren letzten Chef, Kollegen oder das Unternehmen. Bessere Argumentationsstrategien bieten Ihnen Ihre weitere berufliche Entwicklung, die Attraktivität der in Frage stehenden Position, die Erweiterung Ihrer beruflichen Qualifikation (positiv und zukunftsorientiert ist die richtige Blickweise!). Die Aussage, dass Ihre Möglichkeiten im jetzigen Unternehmen begrenzt sind, können Sie auch sehr neutral formulieren.

- Eingeschaltete Handys und Uhren mit Alarmsignal haben im Vorstellungsgespräch nichts zu suchen.

- Angebotene Getränke dürfen Sie selbstverständlich annehmen. Hier handelt es sich in der Regel nicht um einen Test, sondern um die Gestaltung einer angenehmen und entspannten Situation.

- Auch wenn Ihr Gesprächspartner raucht, halten wir es für besser, wenn Sie während Ihrer Anwesenheit im Unternehmen nicht rauchen. Sie sollten auch nicht noch schnell auf dem Parkplatz im Auto die letzte Zigarette rauchen. Als Nichtraucher wird Ihr Gegenüber bei der Begrüßung die Nasen rümpfen.

- Jeder Personalentscheider weiß um Anspannung und Nervosität von Bewerbern und gibt Ihnen in dieser Hinsicht Bonuspunkte. Ein bisschen mehr Adrenalin als sonst steigert Ihre Aufmerksamkeit. Sind Sie allerdings überdurchschnittlich nervös und merken, dass Sie dadurch in Ihrem Verhalten behindert sind, sprechen Sie Ihre Anspannung ruhig an. Allein das kann schon helfen, sie zu reduzieren. Spricht Sie Ihr Gegenüber auf Ihre offensichtliche Nervosität an, ist dies kein Angriff, sondern der Versuch, Ihnen die Angst und Anspannung zu nehmen.

- Lassen Sie sich nicht irritieren und verunsichern. Bleiben Sie auch bei unverständlichen Reaktionen und Kritik ruhig (siehe „Stressgespräche", Seite 69). Lassen Sie sich nicht von negativen Stimmungen anstecken.

■ Streiten Sie sich nicht. Einen Streit können Sie nur verlieren. Ihr Vorstellungsgespräch ist nicht die Situation, in der Sie Recht behalten müssen. Es geht um Ihre berufliche Zukunft, nicht darum, andere von Ihrer Meinung zu überzeugen.

■ Notieren Sie sich alle wichtigen Fakten. Sie benötigen sie für Ihre Gesprächsnachbereitung, für ein eventuelles zweites Gespräch und für Ihre persönliche Entscheidung für einen neuen Arbeitgeber.

■ Versuchen Sie nicht, sich zu verstellen oder jemand zu sein, der Sie nicht sind.

Erlaubte und unerlaubte Fragen im Vorstellungsgespräch

Sie müssen nicht jede Frage, die Ihnen gestellt wird, wahrheitsgemäß beantworten. Zum Schutz Ihrer Person und Persönlichkeit hat der Gesetzgeber Bereiche definiert, die im Vorstellungsgespräch nicht bzw. nur bedingt erfragt werden dürfen. Die Fragen dürfen in der Regel gestellt werden, wenn eine besondere und eindeutige Beziehung zur auszuübenden Tätigkeit besteht. Ob Sie die Ihnen gestellten Fragen aus diesem Bereich beantworten, bleibt Ihrer persönlichen Entscheidung überlassen. Nur Sie können entscheiden, ob die Beantwortung für Sie problematisch ist oder nicht. Sie werden einige hinsichtlich des Schutzes Ihrer Persönlichkeit bedenkliche Fragen auch in unseren Fragebeispielen finden.

Fragen, die gegen das Recht auf Schutz der Persönlichkeit verstoßen:

- Fragen nach Partei-, Kirchen- oder Gewerkschaftszugehörigkeit.
  Erlaubt sind diese Fragen nur, wenn es sich bei dem Unternehmen, bei dem Sie sich bewerben, um einen sogenannten „Tendenzbetrieb", d. h. um eine Partei, eine Kirche oder eine Gewerkschaft handelt.

- Fragen nach Ihren finanziellen Verhältnissen.
  Diese Fragen sind nur bei leitenden Angestellten und Personen in Vertrauensstellung, z. B. Schaltertätigkeit in einer Bank, erlaubt.

- Fragen nach Ihrem bisherigen Gehalt.
  Dies darf nur erfragt werden, wenn die Angabe Rückschlüsse auf Ihre Qualifikation, wie z. B. bei Verkäufern, erlaubt. Machen Sie hier allerdings überhöhte Angaben, ist der Arbeitgeber berechtigt, den Vertrag anzufechten.

- Fragen nach Lohnpfändungen.

- Fragen nach Vorstrafen.
  Danach darf nur gefragt werden, wenn Sie sich in eine besondere Vertrauensstellung (z. B. Wach- und Sicherheitsdienst etc.) bewerben oder die Frage klar auf eine Strafe, die mit der zu verrichtenden Tätigkeit zu tun hat, z. B. Verkehrsdelikte bei Kraftfahrern, ausgerichtet ist.

- Frage nach einer Schwangerschaft oder der Familienplanung.
  Die Frage darf auch nicht gestellt werden, wenn sich nur Frauen auf die Position bewerben. Eine Ausnahme besteht,

wenn die Stelle ausschließlich von einer nicht schwangeren Frau besetzt werden kann, z. B. Mannequin oder Krankenschwester im Nachtdienst.

- Fragen nach Krankheiten.
  Ausnahmen bestehen bei berufsrelevanten Krankheiten mit andauernden oder aktuellen Tätigkeitseinschränkungen. So darf z. B. nach einer bestehenden Aids-Erkrankung gefragt werden, nach einer Aids-Infektion aber nicht.

- Fragen nach Abstammung und Herkunft.

- Leistung von Wehr- oder Zivildienst.

- Fragen nach Familienverhältnissen, soweit sie sich auf Aussagen zu Scheidungen, getrennten Lebensverhältnissen oder außerehelichen Lebensgefährten beziehen. Nach Kindern und Ehepartner darf gefragt werden. Bei kirchlichen Arbeitgebern sind diese Regelungen zum Teil umstritten.

- Die Frage nach Hobbys ist nur soweit zulässig, wie die Freizeitgestaltung einen direkten Schluss auf besondere Qualifikationen zulässt (z. B. Sportartikelverkäufer).

Zulässig sind Fragen nach:

- Ihrem beruflichen Werdegang und Vorbildung.
  Unrichtige Antworten erlauben dem Arbeitgeber, den Arbeitsvertrag anzufechten.

- Gründen der Bewerbung, Wechselmotivation.

- Schwerbehinderung.
  Als Bewerber brauchen Sie nicht von sich aus darauf hinzuweisen, es sei denn, Sie können die geforderte Arbeit

aufgrund der Behinderung nicht leisten. Es darf aber danach gefragt werden und Sie müssen wahrheitsgetreu antworten.

- Ehrenämtern.

- Nebentätigkeit und Mehrfachbeschäftigung.

Keine Angst vor anderen Verfahren

Erweiterungen des Auswahlverfahrens

Verschiedene Unternehmen nutzen zur Verbesserung ihrer Informationsbasis vor einer Personalentscheidung Fragebögen, Testverfahren oder Assessment-Center.

Wird Ihnen die Teilnahme an einem solchen Auswahlverfahren angeboten, sollten Sie auf jeden Fall zusagen. Ein „Nein" Ihrerseits kommt einer Absage gleich. Zudem: Sie können nur gewinnen. Sie erhalten je nach genutztem Verfahren zusätzliche Informationen zu Ihrer Leistungsfähigkeit, Selbsteinschätzung und Verhaltenskompetenz. Diese Informationen können Sie für weitere Auswahlverfahren und für Ihre berufliche Entwicklung nutzen. Darüber hinaus können Sie davon ausgehen, dass Sie jede Situation, die Sie einmal erlebt haben, beim nächsten Mal noch souveräner meistern.

Nicht alle sind wirklich brauchbar

Die eingesetzten Verfahren unterscheiden sich je nach ihrem wissenschaftlichen Ursprung in ihrer Aussagefähigkeit für Personalentscheidungen und je nach Unternehmen auch in der Art und Weise, wie sie durchgeführt werden. Leider verwenden einige Unternehmen immer noch Testverfahren, die ihren Ursprung in der klinischen Psychologie haben. Diese

Verfahren haben unserer Einschätzung nach nichts in der Personalauswahl zu suchen. Sie verbessern die Entscheidungsgrundlage eines Personalverantwortlichen nicht, da sie kaum berufsrelevante Informationen liefern.

Dagegen ergeben spezielle Leistungstests, die berufliche Fähigkeiten und Kompetenzen erfassen, gute und entscheidungsrelevante Informationen für Personalentscheidungen.

Scheuen Sie sich nicht, nach Ihren Ergebnissen zu fragen

Die Teilnahme an einem Auswahlverfahren bietet Ihnen persönlich einen großen Informationsgewinn. Wir sind der Meinung, dass es das gute Recht jeder Bewerberin und jedes Bewerbers ist, die Ergebnisse von Auswahlverfahren zu erfahren und erläutert zu bekommen. Fragen Sie nach Ihren Ergebnissen und lassen Sie sich diese erklären.

Persönlichkeitsfragebögen

Persönlichkeitsfragebögen dienen der Selbsteinschätzung von Bewerbern. Hier will man sehen, wie Sie Ihre Kompetenzen in verschiedenen berufsrelevanten Dimensionen selbst einschätzen und inwieweit Ihr Selbstbild mit den Eindrücken der Personalentscheider (Fremdbild) übereinstimmt.

■ *Wenn Sie selber interessante Informationen über sich gewinnen wollen, sollten Sie die Fragen ehrlich beantworten und sich nicht fragen, was wohl die richtige Antwort ist. Dies führt schnell zu Unstimmigkeiten im Fragebogenergebnis und zu Widersprüchen darin, wie man Sie im Gespräch erlebt hat.* ■

Persönlichkeitsfragebögen werden häufig für Vertriebspositionen, Nachwuchskräfte und Führungspositionen eingesetzt. Auch viele Personalberater setzen Fragebögen ein.

Leistungstest

Das Spektrum sogenannter Leistungstests ist breit. Eingesetzt werden Konzentrationstest, allgemeine Wissenstests, Intelligenztests und Berufseignungstests. Leistungstests werden vorwiegend bei der Auswahl von Auszubildenden verwendet.

Assessment-Center

Assessment-Center sind komplexe Auswahlverfahren. Sie können von einem halben bis zu drei Tagen dauern. Dabei werden Sie verschiedene Gesprächs-, Analyse-, Präsentations- oder Gruppensituationen aktiv gestalten. Anhand Ihres Verhaltens in diesen Situationssimulationen will man erkennen, inwieweit Sie die Positionsanforderungen erfüllen.

Assessment-Center werden als Einzel- oder Gruppenauswahlverfahren durchgeführt. Eingesetzt werden sie sowohl für Auszubildende, Vertriebsmitarbeiter, Nachwuchskräfte, Führungskräfte und Projektmitarbeiter. (Ein TaschenGuide dazu ist in Vorbereitung.)

Wie Sie Gespräche nachbereiten und den richtigen Arbeitgeber auswählen

Wofür Gesprächsnachbereitung?

Ihre Gesprächsnachbereitung erfüllt zwei wichtige Funktionen:

1 Sie ist die Vorbereitung auf Gespräche bei anderen Unternehmen.

2 Sie ist Ihre Vorbereitung auf weitere Gespräche in demselben Unternehmen.

Fragen für Ihre allgemeine Gesprächsnachbereitung

1 Wie schätze ich selbst den Gesprächsverlauf ein?

. . . .
. . . .
. . . .
. . . .

2 Was ist meiner Meinung nach gut gelaufen?

. . . .
. . . .
. . . .
. . . .

3 Was hat nicht so gut geklappt? Was ist schief gelaufen?

....
....
....

4 Welche Fragen waren für mich in der Beantwortung eher schwierig?

....
....
....

5 Was kann ich das nächste Mal anders, besser machen?

....
....
....

6 Hinsichtlich welcher Aspekte möchte ich im nächsten Gespräch anders agieren bzw. reagieren?

....
....
....

5 Welche meiner Fragen sind noch nicht befriedigend beantwortet?

....
....
....

8 Welche Punkte sind im Moment für mich noch offen?

....
....
....

9 Wie kann ich mich auf zukünftige Gespräche noch besser vorbereiten?

. . . .

. . . .

. . . .

Fragen für Folgegespräche im gleichen Unternehmen

Je nach zu besetzender Position werden Sie nicht nur zu einem Gespräch eingeladen. Sie können davon ausgehen, dass je höher die zu besetzende Position angesiedelt ist, Sie um so mehr Gespräche in einem Unternehmen mit unterschiedlichen Gesprächspartnern führen werden. Damit liefert Ihnen jedes Gespräch wichtige Informationen für das nächste Gespräch. Hier heißt es also Gesprächsauswertung und erneute Vorbereitung.

1 Welche Anforderungen haben sich bisher abgezeichnet?

. . . .

. . . .

. . . .

2 Welche Erwartungen des Unternehmens haben sich bisher herauskristallisiert?

. . . .

. . . .

. . . .

3 Welches sind die wesentlichen Unternehmensziele, über die gesprochen wurde?

. . . .

. . . .

. . . .

4 Welche Fragen ergeben sich für mich aus den bisherigen Informationen?

. . . .
. . . .
. . . .

5 Auf welche Aspekte werde ich mich für das nächste Gespräch besonders vorbereiten?

. . . .
. . . .
. . . .

6 Was sollte ich hinsichtlich meiner Gesprächspartner im nächsten Gespräch beachten?

. . . .
. . . .
. . . .

Wenn das Gespräch nicht so erfolgreich für Sie verlaufen ist oder bereits während des Gesprächs deutlich wurde, dass Sie nicht so gut zusammen passen, werden Sie eine Absage vom Unternehmen erhalten. Vielleicht sagen Sie auch selber ab.

■ *Absagen erfolgen in der Regel schriftlich ohne Angabe der Gründe. Meistens scheuen sich Personalverantwortliche die Gründe zu nennen. Trotzdem, es kann einen Versuch wert sein, Ihren Gesprächspartner anzurufen und nach den Gründen zu fragen. Die erhaltenen Informationen können Sie dann für Ihre Vorbereitung auf das nächste Gespräch nutzen.* ■

Wie attraktiv ist der potentielle, neue Arbeitgeber für Sie?

Wir haben bereits angesprochen, dass nicht nur das Unternehmen eine Entscheidung für einen neuen Mitarbeiter treffen muss. Sie selbst müssen auch eine Entscheidung für das Unternehmen als neuen Arbeitgeber treffen. Wie schaffen Sie sich für diese Entscheidung eine solide Basis?

Ihr Eindruck vom Betriebsklima

Als erstes sollten Sie sich fragen, was Sie in Ihren Gesprächen mit den Unternehmensvertretern erfahren haben (siehe Fragen zur Gesprächsnachbereitung). Welchen Eindruck haben Sie vom Unternehmen, von Ihrem potentiellen Vorgesetzten und auch von Mitarbeitern, mit denen Sie eng zusammenarbeiten werden oder Kollegen – soweit Sie Gelegenheit hatten, diese kennenzulernen – gewonnen? Ihr ganz persönlicher Eindruck und Ihr Gefühl bei der Vorstellung, in diesem Unternehmen, mit diesen Vorgesetzten und Kollegen zu arbeiten, bilden einen wesentlichen Aspekt bei Ihrer Entscheidung für einen neuen Arbeitgeber.

Entspricht die Position meinen Interessen?

Es gibt aber noch einen weiteren Aspekt, den Sie beachten sollten. Unsere Stärken kommen nicht bei allen Aufgaben, die wir übernehmen, in gleichem Umfang zum Tragen. Auch wenn Sie im Allgemeinen sehr kreativ sind, kann es Aufgaben geben, bei denen Sie Ihre Kreativität im Stich lässt. Wie gut Sie Ihre Stärken und Kompetenzen bei einzelnen Aufgaben tatsächlich einbringen können, hat viel mit Ihren persönlichen

Interessen und Werten zu tun. Um zu erfahren, ob die in Frage stehende Position wirklich die ist, bei der Sie Ihre optimale Leistungsfähigkeit entfalten können, müssen Sie Ihre Interessen und Werte mit Produkten, Geschäftsfeldern, Kundenstruktur und Kultur des Unternehmens (schlicht allen Informationen, die Sie erhalten haben) abgleichen.

Setzen Sie sich nicht unter Druck!

Gerade bei der derzeit für verschiedene Tätigkeitsfelder schwierigen Arbeitsmarktsituation neigen Sie vielleicht dazu, Ihre Bewerbungen sehr breit zu streuen. Wollen Sie sich möglichst viele Chancen offen halten, kann das durchaus ein erfolgreicher Weg sein. Spätestens wenn Sie zum Gespräch eingeladen werden, aber noch mehr in allen folgenden Phasen, sind Sie gefordert, für sich persönlich zu prüfen, ob dieses Unternehmen der richtige Partner für Ihre berufliche Zukunft ist. Vielleicht befinden Sie sich heute schon in einer Situation, in der Sie mit Ihrem aktuellem Arbeitsumfeld nicht zufrieden sind. Vielleicht wollen Sie gerade deswegen wechseln. Dann wissen Sie, wozu Unzufriedenheit führen kann. Es geht nicht darum, dass Sie sich ab und an mal ärgern oder keine Lust haben. Unzufriedenheit am Arbeitsplatz führt schnell zu körperlichen, seelischen und privaten Beeinträchtigungen. Also prüfen Sie ernsthaft und durchaus kritisch, welches Unternehmen Ihnen die Rahmenbedingungen bietet, in denen Sie Ihre Leistungskraft und -freude entfalten und aufrecht erhalten können.

Passe ich zu diesem Arbeitgeber?

Um zu überprüfen, ob der potentielle Arbeitgeber zu Ihnen passt, können Sie zum einen den nachfolgenden Fragenkatalog als Entscheidungshilfe nutzen und sich darüber hinaus Ihr persönliches Erwartungsprofil erstellen.

Fragen zu einem potentiellen, zukünftigen Arbeitgeber

Was macht dieses Unternehmen als Arbeitgeber für mich attraktiv?

– ....
– ....
– ....

Wie ist die wirtschaftliche Situation des Unternehmens?

– ....
– ....
– ....

Wie ist die Marktposition des Unternehmens?

– ....
– ....
– ....

Wie ist das Image des Unternehmens?

– ....
– ....
– ....

Passt das, was ich über Unternehmensorganisation, Unternehmens- und Führungskultur erfahren habe, zu meinen persönlichen Werten und Zielen?

- . . . .
- . . . .
- . . . .

Welche der aufgezeigten Aufgaben stellen eine besondere
Herausforderung für mich dar?

- . . . .
- . . . .
- . . . .

Kann ich in diesem Unternehmen meine berufliche Entwicklung wie geplant weiterverfolgen?

- . . . .
- . . . .
- . . . .

Welchen Eindruck haben meine Gesprächspartner auf mich
gemacht?

- . . . .
- . . . .
- . . . .

Welchen Eindruck haben andere Mitarbeiter im Unternehmen
auf mich gemacht?

- . . . .
- . . . .
- . . . .

Was hat mir in diesem Unternehmen nicht gefallen?

- . . . .
- . . . .
- . . . .

Wenn Sie diese Fragen beantwortet haben, sind Sie Ihrer gut begründeten Entscheidung schon einen wesentlichen Schritt näher gekommen. Zusammen mit Ihrer Gesprächsnachbereitung haben Sie alle erhaltenen Informationen und die gesammelten Eindrücke recht umfassend ausgewertet. Eine noch differenziertere Entscheidungsbasis können Sie sich anhand Ihres Unternehmens-Erwartungsprofils schaffen.

Mein Erwartungsprofil an ein Unternehmen

So wie Arbeitgeber sich ein Anforderungsprofil für Bewerber erstellen, können Sie sich mit den Kriterien, die Sie für Ihren zukünftigen Arbeitsplatz als besonders wichtig erachten, ein Erwartungsprofil erstellen. Aus diesem Profil können Sie auch Ihre Fragen an das Unternehmen ableiten.

Sie können nachfolgendes Profil als Grundlage nutzen und um die Aspekte, die für Sie wichtig sind, ergänzen. Nach einem Gespräch machen Sie dann einen Abgleich zwischen Ihren Wünschen und Zielen und dem Angebot des Unternehmens, bei dem Sie sich vorgestellt haben.

- Welche Erwartungen habe ich an das Unternehmen?

- Welche Erwartungen habe ich an meinen neuen Arbeitsplatz?

- Was ist mir hinsichtlich zukünftiger Kollegen und Vorgesetzter besonders wichtig?

- Was ist mir für meine neue Position besonders wichtig?

- Gibt es Rahmenbedingungen, die erfüllt sein müssen?

Erwartungsprofil

Erwartungen	Wichtigkeit gering ⟶ sehr hoch							Anmerkung/ Begründung
	1	2	3	4	5	6	7	
Erwartungen an die neue Position								
Einarbeitung:	O	O	O	O	O	O	O	
Eigener Verantwortungsbereich	O	O	O	O	O	O	O	
Personalverantwortung	O	O	O	O	O	O	O	
Projektverantwortung	O	O	O	O	O	O	O	
Eigene Weiterbildung	O	O	O	O	O	O	O	
Aufstiegschancen	O	O	O	O	O	O	O	
Einstiegsgehalt	O	O	O	O	O	O	O	
Gehaltsentwicklung	O	O	O	O	O	O	O	
	O	O	O	O	O	O	O	
	O	O	O	O	O	O	O	
	O	O	O	O	O	O	O	
	O	O	O	O	O	O	O	
	O	O	O	O	O	O	O	
	O	O	O	O	O	O	O	
	O	O	O	O	O	O	O	

Erwartungen	Wichtigkeit gering ⟶ sehr hoch							Anmerkung/ Begründung
	1	2	3	4	5	6	7	
Erwartungen an Unternehmens- und Führungskultur								
Unternehmens-ziele	O	O	O	O	O	O	O	
Unternehmens-kultur	O	O	O	O	O	O	O	
– Führungs-kultur	O	O	O	O	O	O	O	
– Mitarbeiter-förderung	O	O	O	O	O	O	O	
Teamarbeit	O	O	O	O	O	O	O	
Betriebsklima	O	O	O	O	O	O	O	
Leistungsorient. Bezahlung	O	O	O	O	O	O	O	
Arbeitsplatz-sicherheit	O	O	O	O	O	O	O	
Soziale Leistungen	O	O	O	O	O	O	O	
Firmenwagen	O	O	O	O	O	O	O	
Arbeitszeiten	O	O	O	O	O	O	O	
Urlaubszeiten	O	O	O	O	O	O	O	
	O	O	O	O	O	O	O	
	O	O	O	O	O	O	O	
	O	O	O	O	O	O	O	

Erwartungen	Wichtigkeit gering ⟶ sehr hoch							Anmerkung/ Begründung
	1	2	3	4	5	6	7	
Rahmenbedingungen								
Anfahrtszeiten	O	O	O	O	O	O	O	
Städtisches und kulturelles Umfeld	O	O	O	O	O	O	O	
	O	O	O	O	O	O	O	
	O	O	O	O	O	O	O	
	O	O	O	O	O	O	O	
	O	O	O	O	O	O	O	

Die von Ihnen definierten Erwartungen an einen neuen Arbeitsplatz können Sie im dargestellten Profil in der für Sie gültigen Wichtigkeit eintragen. Die letzte Spalte nutzen Sie für Erklärungen und genauere Beschreibungen, warum Ihnen dieser Aspekt entsprechend wichtig ist. Zusätzlich können Sie zu jedem Kriterium vermerken, inwieweit Sie in diesem Punkt kompromissbereit sind.

Nach Ihren Gesprächen in den einzelnen Unternehmen können Sie eintragen, inwieweit das Unternehmen Ihren Erwartungen entspricht. Wenn Sie Ihr Wunschprofil und das Ist-Profil in unterschiedlichen Farben eintragen, haben Sie den Vergleich auf einen Blick. Übereinstimmungen und Differenzen werden schnell deutlich. Sie erkennen auch, in welchen Bereichen Ihnen noch Informationen fehlen.

Bei Differenzen empfiehlt es sich, vor einer Entscheidung noch einmal das Gespräch mit Vertretern des Unternehmens zu suchen, um diesen Aspekt zu besprechen und eventuell zu klären, wieweit Sie dem Unternehmen bzw. das Unternehmen Ihnen entgegenkommen kann.

Jetzt sollte Ihrer Entscheidung nichts mehr im Wege stehen. Wir wünschen Ihnen viel Erfolg bei Ihren Vorstellungsgesprächen und einen guten Start im neuen Unternehmen.

Anhang

Fragen im Vorstellungsgespräch

Nachfolgend finden Sie eine Reihe von Fragen, die Ihnen im Vorstellungsgespräch gestellt werden könnten. Wir haben die Fragen nach bestimmten Schwerpunkten zusammengestellt, zum Teil beziehen sie sich auf spezifische Positionen oder Tätigkeitsbereiche. Die Mehrzahl der Fragen ist aber tätigkeitsübergreifend. Je nach Ihrem heutigen beruflichen Stand werden Ihnen diese Fragen in unterschiedlicher Formulierung gestellt werden. Diese richtet sich danach, ob Sie gerade einen Ausbildungsplatz suchen, sich für Ihre erste Position nach dem Studium bewerben oder aber um eine neue Position nach bereits mehrjähriger Berufstätigkeit. Die Fragen auf die unterschiedlichen Bewerbungssituationen auszurichten würde den Rahmen des TaschenGuides sprengen. Wir appellieren hier an Ihre Kreativität. Team und Kollegen entsprechen z. B. Mitstudenten oder Mitschülern; Vorgesetzte dementsprechend Lehrern und Professoren.

Ausbildung/Beruflicher Werdegang

Bitte schildern Sie uns in kurzen Sätzen Ihren bisherigen Lebens- und Ausbildungs-/Berufsweg.
– Ihren schulischen Werdegang
– Ihre berufliche Ausbildung/Studium

Was hatte den größten Einfluss auf Ihre Berufswahl?
Vor welchem Hintergrund haben Sie XY gelernt/studiert?

Wenn Sie ganz frei wählen könnten, würden Sie das Gleiche noch einmal studieren/lernen?

Haben Sie Praktika absolviert? In welchen Unternehmen?
– Auf wessen Initiative haben Sie das Praktikum absolviert?

Welche beruflichen Tätigkeiten haben Sie bis jetzt ausgeübt?
– Was waren Ihre Aufgaben und Aufgabenschwerpunkte?
– Welche Verantwortlichkeiten, Kompetenzen waren mit Ihren Aufgaben verbunden?
– Gab es Beförderungen oder besondere Anerkennungen?
– Welche Aufgaben, die eigentlich über Ihren konkreten beruflichen Aufgabenbereich hinausgehen, haben Sie in der Vergangenheit wahrgenommen?

Wer oder was hatte den größten Einfluss auf Ihre Entwicklung?

Halten Sie Ihren Berufs- und Ausbildungsweg für konsequent?

Was haben Sie während der einzelnen Stationen Ihres Berufslebens gelernt, wovon Sie noch heute profitieren?

Wenn Sie könnten, was würden Sie heute anders machen?

Welche über Ihre Ausbildung hinausgehenden Kenntnisse haben Sie sich angeeignet? Wofür konnten Sie diese nutzen?

Fragen zum Unternehmen, zur vakanten Position und Ihrer Wechselmotivation

Fragen zu Ihren Kenntnissen des Unternehmens

Wie haben Sie sich auf dieses Gespräch/diesen Tag vorbereitet?

Was wissen Sie über unser Unternehmen?

Was wissen Sie über unsere Produkte/Dienstleistungsangebote?

Welche Produkte, glauben Sie, sind unsere erfolgreichsten?

Welche Produkte stellen sich Ihrer Meinung nach in Zukunft eher schwierig dar?

Was wissen Sie über den Markt, in dem wir uns bewegen?

Können Sie etwas über unseren Wettbewerb sagen?

Fragen zu Ihrer Bewerbungs- bzw. Wechselmotivation

Warum wollen Sie sich verändern?

Warum wollen Sie in unserem Unternehmen tätig werden?

Warum wollen Sie gerade in diesem Bereich tätig werden?

Warum wollen Sie XY bei uns werden?

Fragen zu Ihrer aktuellen (letzten) Position und der ausgeschriebenen Position

Schildern Sie bitte einen typischen Tagesablauf in Ihrer jetzigen / letzten Position (während Ihres Studiums)?

Was werden Sie von der Tätigkeit bei Ihrem jetzigen Arbeitgeber (von Ihrem Studium, Ihrer Schulzeit) vermissen?

Wie sieht Ihr derzeitiger Verantwortungsbereich aus und wo möchten Sie weitere Verantwortung übernehmen?

Was wissen Sie über die vakante Position?

Was haben Sie aus unserer Anzeige herausgelesen, und was erwarten Sie von der Aufgabenstellung?

Was spricht für Sie als neue Mitarbeiterin, neuen Mitarbeiter?

Welche Aufgaben interessieren Sie bei der zu besetzenden Position am meisten?

Welche Erwartungen haben Sie an das Unternehmen / Vorgesetzte / Kollegen / Mitarbeiter?

Was wollen Sie in der von uns angebotenen Position erreichen?

Was ist Ihnen in Bezug auf Ihre Arbeitsumgebung wichtig?

Fragen zu Ihnen persönlich

Wo sehen Sie Gründe für Ihren persönlichen beruflichen (schulischen / Studien-) Erfolg? Worauf führen Sie Rückschläge oder Misserfolge zurück?

Was sind Ihre Stärken im Vergleich zu anderen?

– Wie kommen Sie zu dem Eindruck, in welchen Situationen hat sich das gezeigt?

Welches sind (waren) in Ihrer täglichen Arbeit (in Ihrer Schulzeit / Ihrem Studium) die kritischen Erfolgsfaktoren?

Welche Aspekte sind Ihnen in Ihrer Arbeit am wichtigsten?

Welche anderen beruflichen Aufgaben kämen für Sie noch in Frage, welche überhaupt nicht?

Wenn ein Freund Sie beschreiben sollte, was würde er über Sie sagen?

Wenn Sie sich jemandem beschreiben müssten, der Sie nicht kennt, wie und mit welchen Eigenschaftsbegriffen würden Sie sich darstellen?

In welchen Bereichen haben Sie in der Vergangenheit negative Rückmeldung zu Ihrem Verhalten bekommen und wie sind Sie damit umgegangen?

Welche Dinge treffen Sie wirklich persönlich, was hingegen prallt eher an Ihnen ab?

Welche Werte und Leitbilder sind für Sie in Ihrem beruflichen Handeln maßgeblich? Mit welchen Werten wollen Sie persönlich sich hingegen nicht identifizieren?

Welche Ihrer persönlichen Werte haben sich im Laufe Ihres bisherigen Berufslebens verändert? Warum?

Fragen zu Lernbereitschaft und Leistungsmotivation

Fragen zur Lernbereitschaft

Was möchten Sie gern noch lernen?

Was könnten Sie an Ihrem Arbeitsverhalten (Lernverhalten) noch verbessern?

Mit welchen Informationen und Methoden halten Sie sich persönlich fachlich auf dem Laufenden?

Welche Fortbildungsmaßnahmen haben Sie in der letzten Zeit besucht und zu welchen Veränderungen an Ihrem Arbeitsplatz haben diese geführt?

In welchen Bereichen haben Sie sich Trainingsmaßnahmen in der Vergangenheit gewünscht?
– Warum haben Sie sie (nicht) besucht?

Fragen zu Ihrer Leistungsmotivation

Was motiviert Sie, Leistung zu bringen?

Wodurch motivieren Sie sich selbst in Ihrer Arbeit (beim Lernen)?

Bei welchen Aufgaben fällt es Ihnen am schwersten, den Anfang zu finden?

Was treibt Sie in Ihrer täglichen Arbeit (beim Lernen) an, was verschafft Ihnen Befriedigung?

Was unterscheidet Sie von Ihren Kollegen (Freunden) in Ihrem Leistungsverhalten?

Welchen Stellenwert nimmt ein hoher beruflicher (Lern-) Erfolg in Ihrem Leben ein?

Was macht Ihnen an Ihrer beruflichen Aufgabe besonders viel Spaß?

Welche Aufgaben, die derzeit zu Ihrem Tätigkeitsbereich gehören, motivieren Sie am wenigsten?

Welche beruflichen Probleme reizen Sie ganz besonders?

Welche Ihrer bisherigen Leistungen sind gute Beispiele für Ihren (hohen) Anspruch an sich selbst?

Welche Ziele haben Sie sich für das nächste Jahr / diese Position / Ihr Berufsleben gesetzt?

Was waren Rückschläge für Sie in Ihrem bisherigen Werdegang und wie sind Sie mit Ihnen umgegangen?

Gibt es Situationen, die für Sie stressbehaftet sind?

Was tun Sie, um sich zu entspannen?

Fragen zu Ihrer Ergebnis- und Zielorientierung und Ausdauer

Was wollen Sie in fünf Jahren erreicht haben?
– Wie werden Sie dies erreichen?

Was bedeutet für Sie persönlich ein zielorientiertes Vorgehen? Wie unterscheiden Sie sich in diesem Aspekt von Ihren Kollegen (Freunden)?

Wie stellen Sie in Ihrer täglichen Arbeit die Erreichung Ihrer persönlichen Ziele sicher?

Gab es schon mal eine (berufliche) Aufgabe, bei der Sie am liebsten alles hingeschmissen hätten, dann aber doch durchgehalten haben? Warum haben Sie damals nicht aufgegeben?

Was waren für Sie persönlich Ziele, die Sie über sehr lange Zeit hinweg verfolgt haben? Welche Ziele haben sich demgegenüber rasch geändert?

Arbeitsverhalten

Wodurch zeichnet sich – ganz allgemein – Ihr Arbeitsstil aus?

Beschreiben Sie bitte Ihre Vorgehensweise bei schriftlich zu bearbeitenden Aufgabenstellungen?

Sind Sie jemand, der immer wieder neue Dinge ausprobiert oder liegt Ihr Erfolg darin begründet, dass Sie eher an bewährten Methoden festhalten? Können Sie Beispiele dafür nennen?

Sind Sie eher jemand, der gerne eine Aufgabe zu Ende bringt, bevor er sich an eine andere macht, oder mögen Sie es, zwischen vielen Aufgaben laufend hin und her zu wechseln?

Wenn es bei Ihnen zu Arbeitsablaufproblemen kommt, was sind die Gründe dafür?

Wie hat sich im Laufe Ihrer bisherigen Berufs- oder Lernerfahrung Ihre Arbeitsorganisation und Ihre Zeitplanung verändert?

Wie strukturieren Sie Ihren persönlichen Tagesablauf?

Wie unterscheidet sich bei Ihnen die kurz-, mittel- und langfristige Planung?

Welche Veränderungen in Ihrem Arbeitsumfeld haben Sie in letzter Zeit initiiert und warum? Wozu haben diese Veränderungen geführt?

Fragen zu Ihrer Problemlösungskompetenz

Wie gehen Sie ganz allgemein bei der Lösung von Problemen vor?

Wonach entscheiden Sie, ob Sie die Probleme eigenständig lösen oder ob Sie weitere Personen in den Prozess einbinden? Können Sie dafür ein Beispiel bringen?

Welche Problemlösetechniken kennen und nutzen Sie?

Fragen zu Ihrer Zusammenarbeit mit anderen

Fragen zu Ihrem Teamverhalten

Welche Aufgaben bearbeiten Sie am liebsten im Team, welche Aufgaben bearbeiten Sie lieber allein?

Wo liegen Ihre positiven, wo Ihre negativen Erfahrungen mit der Teamarbeit?

Wie gehen Sie damit um, wenn es in Ihrer Arbeitsgruppe (Lerngruppe) deutliche Meinungsverschiedenheiten gibt?

Wie verhalten Sie sich, wenn Sie mitbekommen, dass es in Ihrem Arbeitsteam (Lernteam, Freundeskreis) verdeckte Konflikte oder Spannungen gibt?

Mussten Sie schon einmal eine Gruppe von Kollegen und Mitarbeitern (Mitstudenten, Mitschülern) für ein spezielles Projekt oder eine bestimmte Aufgabe zusammensetzen und koordinieren? Was war Ihnen dabei wichtig und wie sind Sie vorgegangen?

Fragen zu Ihrem Umgang mit Kollegen und Vorgesetzten und Ihrem Konfliktverhalten

In welchen Situationen fällt es Ihnen schwer, in welchen leicht, auf andere Menschen zuzugehen und einen Kontakt herzustellen?

In welchen Situationen stimmen Sie sich mit Ihrem jetzigen Vorgesetzten / Kollegen (Mitstudenten, Freunden) ab und in welchen nicht?

Gab es schon einmal ernstliche Meinungsunterschiede zwischen Ihnen und einem Vorgesetzten/Kollegen (Mitstudent, Freund) von Ihnen? Was waren die Gründe dafür?

In jeder Arbeitsumgebung gibt es schwierige Kollegen (Mitstudenten, Mitschüler). Bitte schildern Sie uns einen solchen von Ihnen erlebten Fall und wie Sie damit umgegangen sind.

Können Sie ein Beispiel dafür bringen, wie Sie bemerkt haben, dass einer Ihrer Mitarbeiter oder Kollegen (Freunde, Mitstudent, Mitschüler) sich nicht wohl fühlt?

Was tun Sie, wenn Sie merken, dass einer Ihrer Kollegen oder Mitarbeiter (Freunde, Mitstudent, Mitschüler) sich nicht wohl fühlt?

Wie gehen Sie mit Vorgesetztenentscheidungen (Lehrer, Professoren) um, die Sie eigentlich nicht mittragen wollen?

Schildern Sie bitte eine Konfliktsituation, die Sie in der letzten Zeit bewältigen mussten.

Fragen zu Ihrem Informationsverhalten

Wie stellen Sie einen optimalen Informationsfluss zu den anderen Kollegen/Abteilungen Ihres Unternehmens sicher?

Wie erreichen Sie es, dass Ihre Mitarbeiter und Kollegen (Mitstudent, Mitschüler) stets umfassend informiert sind?

Wie stellen Sie sicher, dass Sie die für Ihre Arbeit wichtigen Informationen immer rechtzeitig erhalten?

In welchen Situationen empfiehlt es sich Ihres Erachtens, bestimmte Informationen besser für sich zu behalten?

Fragen zu persönlichen Kompetenzen

Fragen zu Ihrer Überzeugungskraft

In welchen beruflichen Situationen ist eine gute Überzeugungskraft für Sie ein kritischer Erfolgsfaktor?

Was kennzeichnet Ihr Vorgehen, wenn Sie einen Gesprächspartner von Ihrem Standpunkt überzeugen wollen?

Fragen zu Ihrem Durchsetzungsvermögen

Sind Ihnen tendenziell eher Kompromisse lieber, auch wenn sich dadurch Ihre Vorstellungen nicht völlig verwirklichen lassen, oder setzen Sie Ihre Ideen lieber vollständig durch?

Wie gelingt es Ihnen, auch solche Ideen durchzusetzen, bei denen Sie auf viel Widerstand stoßen?

Schildern Sie bitte ein Beispiel dafür, wie Sie eine bestimmte Vorstellung gegen deutlichen Widerstand durchgesetzt haben und ein Beispiel dafür, wie Sie bei einem Problem lieber nachgegeben haben, obwohl Sie es eigentlich nicht für richtig hielten.

Fragen zu Ihrem Entscheidungsverhalten

In welchen Situationen fällt es Ihnen besonders leicht, in welchen besonders schwer, eine rasche Entscheidung zu treffen? Warum?

Bei welchen arbeitsalltäglichen Entscheidungen beziehen Sie andere mit ein?

Was lässt Sie eine Entscheidung revidieren?

Gab es Situationen, in denen Sie Entscheidungen treffen mussten, die mit einer großen Tragweite für Sie persönlich verbunden waren?

Fragen zu Ihrem unternehmerischen und bereichsübergreifenden Denken

Unternehmerisches Denken

Wie können Sie als Mitarbeiter / Führungskraft zum Erfolg des Unternehmen beitragen?

Was bedeutet für Sie ertrags- und kostenbewusstes Handeln in Ihrer täglichen Arbeit?

Wo haben Sie in der Vergangenheit durch Ihre Maßnahmen zur Kostenreduzierung beigetragen?

In welchen Bereichen konnten Sie in der Vergangenheit Veränderungen initiieren und wie?

Bereichsübergreifendes Denken

In welchen anderen Abteilungen würden Sie gerne arbeiten und warum?

Wie sichern Sie persönlich den Informationsfluss zu anderen Abteilungen?

Haben Sie Vorschläge, wie die bereichsübergreifende Zusammenarbeit maßgeblich verbessert werden kann?

Fragen zu Ihrem interkulturellen Denken

Wo sehen Sie Chancen und Gefahren in der Globalisierung der Wirtschaft?

Welche Kulturen finden Sie reizvoll, welche liegen Ihnen persönlich eher weniger?

Welche Fähigkeiten muss Ihrer Meinung nach jemand mitbringen, der sich geschäftlich in verschiedenen Kulturen bewegen muss?

Fragen für Bewerber auf eine Führungsposition

Übergreifende Fragen zu Führungsverhalten und Führungskompetenz

Was ist Ihnen als Führungskraft wichtig?

Welches Rollenverständnis haben Sie als Führungskraft? Wie definieren Sie sich im Verhältnis zu Ihren Mitarbeitern?

In welchen Bereichen muss Ihrer Meinung nach eine Führungskraft Vorbild für Ihre Mitarbeiter sein?

Wie würden Sie das Verhältnis zu Ihren Mitarbeitern beschreiben?

Wie würden Ihre Mitarbeiter das Verhältnis zu Ihnen beschreiben?

Gibt es Situationen im Umgang mit Mitarbeitern, in denen Sie ungeduldig werden?

In welchen Führungssituationen ist in Ihrer täglichen Arbeit Überzeugungskraft besonders wichtig? Wie gehen Sie persönlich vor?

Wie werben Sie gegenüber Ihren Mitarbeitern um die Akzeptanz notwendiger Veränderungen?

Wie informieren Sie sich über den Leistungsstand Ihrer Mitarbeiter?

Wie verschaffen Sie sich Kenntnis über die Arbeitsbelastung Ihrer Mitarbeiter?

Fragen zur Delegation

Nach welchen Kriterien geben Sie Verantwortlichkeiten an Ihre Mitarbeiter weiter?

In welchen Bereichen sehen Sie bei der Delegation von Aufgaben Schwierigkeiten (bei welchen Aufgaben, welchen Mitarbeitern)? Wo sehen Sie diesbezüglich Lösungsmöglichkeiten?

In welchen Bereichen gilt für Sie der Satz: „Vertrauen ist gut, Kontrolle ist besser?" Wann würde das Umgekehrte („Kontrolle ist gut, Vertrauen ist besser") gelten?

Wie berücksichtigen Sie den Aspekt der Über- oder Unterforderung bei Ihren Mitarbeitern?

Ist Ihr Vertrauen in Ihre Mitarbeiter schon einmal enttäuscht worden? Was hat sich dadurch geändert?

Wenn Sie Ihren Mitarbeitern Arbeitsaufträge erteilen – was genau geben Sie Ihren Mitarbeitern vor, was nicht? Können Sie dafür ein Beispiel bringen?

Fragen zum Führen von Mitarbeitergesprächen

Wie bereiten Sie sich auf ein Mitarbeitergespräch vor?

Welche Aspekte beachten Sie bei der Beurteilung Ihrer Mitarbeiter?

Wie steuern Sie Mitarbeiter, die offensichtlich andere Ziele verfolgen, als die, die Sie wünschen?

Fragen zur Mitarbeitermotivation

Wie motivieren Sie Ihre Mitarbeiter?

Was tun Sie, um die Bindung Ihrer Mitarbeiter an Ihr Unternehmen zu erhöhen?

Was ist Ihres Erachtens der wirkungsvollste Motivator im beruflichen Kontext?

Was tun Sie bei Mitarbeitergesprächen, wenn Sie bemerken, dass der Mitarbeiter sich selbst völlig anders einschätzt als Sie ihn?

Fragen zur Mitarbeiterförderung

Was tun Sie, um die persönliche Entwicklung Ihrer Mitarbeiter zu fördern?

Welche Kompetenzen sehen Sie in Zukunft als besonders erfolgskritisch an? Wie stellen Sie sicher, dass Ihre Mitarbeiter diesen Ansprüchen genügen werden?

Bitte beschreiben Sie einen Ihrer Mitarbeiter hinsichtlich seiner Stärken und Schwächen. Für welche Aufgaben halten Sie ihn für besonders geeignet? Welche Fördermaßnahmen würden Sie vorsehen?

Fragen für Positionen mit Projektverantwortung

Schildern Sie bitte ein Beispiel für ein von Ihnen mit Erfolg durchgeführtes Projekt.

Welche Hilfsmittel oder Tools aus dem Bereich des Projektmanagements haben Sie in der Vergangenheit kennengelernt? Welche nutzen Sie?

Was ist Ihre Vorgehensweise bei der Planung und Durchführung eines Projektes?

Mit welchen Problemen hatten Sie im Rahmen von Projektaufgaben zu tun und wie haben Sie diese lösen können?

Welches sind für Sie die entscheidenden Aspekte, die den Erfolg eines Projektes determinieren?

Wie überprüfen Sie den Zielerreichungsgrad Ihrer Projekte und wie greifen Sie gegebenenfalls steuernd ein? Welches sind dabei Ihre wichtigsten Prinzipien?

Fragen bei Tätigkeiten mit Präsentationsaufgaben

Worauf legen Sie bei der Vorbereitung und Durchführung einer Präsentation besonders viel Wert?

Was beherrschen Sie bei Präsentationen besonders gut?

Welches sind Schwierigkeiten, die Sie bei einer Präsentation haben?

Wie schaffen Sie es, auch bei längeren Vorträgen die Zuhörer an sich zu binden?

Fragen für Bewerber auf eine Vertriebsposition

Übergreifende Fragen

Was wissen Sie über unsere Vertriebsstruktur?

Welche Absatzaufgaben sehen Sie?

Welche Umsatz- und Ergebnisziele hatten Sie letztes Jahr?

Was lieben Sie am Außendienst und worauf würden Sie gerne verzichten?

Was war Ihr größter Verkaufserfolg?

Worin sehen Sie Ihre Erfolgspotentiale als Verkäufer?

Was würden Ihre Kunden über Sie als Verkäufer sagen, wenn ich einen von ihnen jetzt anrufen würde?

In jedem Bereich gibt es Kunden, mit denen man auf Anhieb besser oder schlechter zurechtkommt. Wann schätzen Sie Kunden als schwierig ein und wie verhalten Sie sich im Umgang mit ihnen?

Worin lagen Schwierigkeiten, Ihrem Kundenkreis die von Ihnen vertriebenen Produkte zu verkaufen?

Wie stehen Sie zu leistungsbezogenen Vergütungssystemen?

Fragen zum Verkaufsverhalten

Welche Strategien haben Sie bei der Akquisition?

Welche Ihrer Argumente sind in einem Akquisitionsgespräch in der Regel besonders schlagkräftig?

Was sind für Sie eindeutige Signale Ihres Gegenübers, die Sie veranlassen, Ihre Akquisitionsstrategie zu verändern?

Beschreiben Sie uns bitte ein typisches Verkaufsgespräch Ihrer letzten Position!

Wie gelingt es Ihnen, Ihre eigenen Überzeugungen und Ideen auf den Kunden zu übertragen?

Wie beginnen Sie ein Gespräch mit einem potentiellen Kunden, worauf legen Sie im weiteren Verlauf besonderen Wert?

Wie gehen Sie mit Situationen um, in denen Sie sich unsicher sind, was Ihr Kunde von Ihnen erwartet?

Schildern Sie bitte einmal eine Situation, in der Sie es mit einem unzufriedenen Kunden zu tun hatten.

Wie reagieren Sie auf Widerstände von Seiten eines Kunden?

Wie reagieren Sie darauf, wenn Sie von einem Kunden beschimpft werden?

Wenn Sie von nun an Gartenschläuche verkaufen müssten – wie würden Sie vorgehen?

Fragen zur Kundenorientierung

Wie unterscheiden sich Ihrer Einschätzung nach die Kundenprobleme der Zukunft von den Kundenproblemen, die Sie heute lösen müssen? Was wird sich ändern und welche Konsequenzen sollten daraus gezogen werden?

Was bedeutet für Sie persönlich der Begriff Kundenorientierung in Ihrer täglichen Arbeit?

Wo sehen Sie Grenzen einer kundenorientierten Einstellung, was wäre ein „Zuviel" an Kundenorientierung für Sie?

Was haben Sie persönlich getan, um die Kunden- und Serviceorientierung in Ihrem Bereich zu verbessern?

Wie ermitteln Sie die Wünsche und Bedürfnisse Ihrer Kunden?

Wie stellen Sie die langfristige Bindung Ihrer Kunden an das Unternehmen sicher?

Bitte schildern Sie uns „den unmöglichsten Kundenwunsch" aus der letzten Zeit und wie in Ihrem Unternehmen darauf reagiert wurde. Wie haben Sie reagiert?

Weitere Fragen

Fragen zu Freizeit und Familie

Was machen Sie in Ihrer Freizeit?

Welche Hobbys üben Sie aus?

Sind Sie in Vereinen und Organisationen tätig?

Bemühen Sie sich, Ihr Privatleben aus dem beruflichen Kontext herauszuhalten, oder schätzen Sie auch in diesem Bereich einen Austausch mit Kollegen und Mitarbeitern?

Wie gelingt es Ihnen, berufliche Anforderungen, Familie und Freizeit zu vereinbaren?

Fragen zur Vertragsgestaltung und Beschäftigungsverhältnis

Welche Erwartungen haben Sie an Ihre Arbeitszeit?

Wie hoch ist Ihr jetziges Jahresgesamtgehalt?

Welche Gehaltsvorstellungen haben Sie?

Was möchten Sie in fünf Jahren verdienen? Wie wollen Sie das erreichen?

Wann können Sie frühestens bei uns beginnen?

Sind Sie schwerbehindert?

Haben Sie einen gültigen Führerschein?

Können Sie uns drei Referenzpersonen nennen, mit denen wir sprechen können?

Fragen zur Mobilität

Wie hoch schätzen Sie Ihre Mobilität ein?

Wieviel berufsbedingte Reisen könnten Sie tolerieren?

Wie steht Ihre Familie zu dem beruflichen Wechsel?

Wie häufig hat sich in der Vergangenheit Ihr beruflicher Einsatzort verändert?

Stichwortverzeichnis